はじめに

みなさんは、街を歩いているときに、必ずと言っていいほど車を見かけると思います。また、バスに乗って移動する機会もあるでしょう。そんなとき、どんなことを考えますか？

多くの人は、「ああ、車だなあ」と、ただ見たままのことを考えるでしょう。もしかしたら、それすら考えないかもしれません。

でも、頭を働かせる人は違います。例えば、「車って、どうやって動いているんだろう？　バスのスピードがこれだけ出るのは、どんな機械のメカニズムが作用しているんだろう？」というように、「なぜだろう？」「どうしてだろう？」と考えるのです。そして、そのようなことを考えている中で、「ああ、車にはモーターというものがあるんだな」「エンジンはこういう構造になっているんだな」とさらに詳しく観察したり、書籍やインターネットで調べるようになります。それこそが、頭を働かせるきっかけになるのです。

「頭を働かせる人」というのは、世界の見え方が全然違います。車を見ても、コンビニを見ても、人と話をしていても、全然違う「見方」をするのです。

本書は、読者のみなさんに、「世界が変わって見える経験」を提供する本です。頭の働かせ方を変えるだけで、世界は全く違った様相を見せます。そして、それは勉強につながるはずです。

みなさんが勉強をすればするほど、知識を得れば得るほど、実は「世界の見え方」が変わってくるのです。「勉強なんてつまらない」と考える人もいるかもしれませんが、それは「世界が変わっ

て見える経験」をしていないからなのかもしれません。

　我々、東大カルペ・ディエムは、この経験を届けるために、全国の小・中学校や高等学校の「探究学習の時間」に「アカデミックマインド育成講座」という出張授業を実施しています。その中で、生徒さんが「なるほど！　勉強って面白いんだな！」「へえ！これは知らなかった！」と目を輝かせてくれることが、我々にとって大変うれしい経験になっています。

　この「アカデミックマインド」を広め、喜んでくれる人たちを増やしたいと考え、本書の企画はスタートしました。

　でも、そもそも「アカデミックマインド」とは何でしょうか？
　我々は、「探究型思考力」のことを「アカデミックマインド」と呼んでいます。
　この力を10代のうちに身につければ、地頭力・成績・自己肯定感が向上するだけでなく、難関校入試や共通テストで出題増加中の思考力・判断力・表現力を問う探究型問題が解けるようになります。また、これからの社会で活躍するために必要な能力であり、生きる上でも重要になってくるのです。
　みなさんがこの本を読み終わるときには、この能力が養われ、「勉強って楽しいんだな！」と思えるようになるはずです。

　ぜひ、最後までお付き合いいただければと思います！

　　　　　　　　　　　　　　東大カルペ・ディエム　西岡壱誠

目次

はじめに	2

第1章 アカデミックマインドとは？ 8

その1	大学はどんな勉強をするところ？	10
その2	「問い」を作り「答え」を考える	13
その3	「経営学科」の問いを考えてみよう	16
その4	社会で生きる上で必要なちから	17

第2章 問いを立てよう！ 20

例1	King Gnu の「白日」ってどういう意味？	21
例2	「花嵐」って何だろう？	23
例3	「スーパーマーケット」の「スーパー」って何？	25
例4	「青信号の謎」を一緒に考えよう！	26

やり方 問いの立て方を学ぼう！ 30

step1	5W1Hを意識しよう！	31
step2	まずは何でも検索してみよう！	35
step3	具体的にしたり、抽象的にしたりしてみよう！	38
step4	他と比べてみよう！	43

やってみよう！

Q1	「オーダー」ってどういう意味？	46
Q2	「ポーズ」ってどういう意味？	47
Q3	「プレーン」ってどんな味？ そもそも何？	48
Q4	なぜその科目が苦手なのか	49
Q5	日本語と英語の違いを比較	49

アカデミックマインド 探究型思考力 育成講座 コラム その1　50

第3章　仮説を立てよう！　52

例1	アイスクリームの「ピノ」の名前の由来	53
例2	なんでこの前のテスト、成績が悪かったの？	55
例3	「悶」の部首は「門」と「心」のどちらか？	56
例4	ペリー来航と年号について一緒に考えよう	58

やり方　仮説の立て方を学ぼう！　64

step1	問いを分解する！	65
step2	過去を調べてみる	72

やってみよう！

Q1	「リモート」ってどういう意味？	76
Q2	陸上競技で走るトラックの意味は？	77
Q3	「新宿」や「原宿」の「宿」とは	78
Q4	「ロカボ」の意味は？	79
Q5	昔の携帯で撮った写真が粗いのはなぜ？	80

探究型思考力 育成講座 コラムその2　82

第4章　仮説の検証をしよう！　84

例1	ひと晩おいたカレーはなぜおいしいのか？	89
例2	Aさんは頭がいい！	91

やり方　検証方法を学ぼう！　92

step1	言葉の定義を考える	93
step2	エビデンス（証拠）を探す	100

やってみよう！

Q1	「けりをつける」の「けり」の意味は？	106
Q2	奈良県が靴下生産量1位である理由	107

探究型思考力 育成講座 コラムその3　108

第5章　問題を解いて練習しよう！　110

Level.1

Q 1　牛乳とバターの問題　111
Q 2　蛇口のレバーの謎　113
Q 3　飛行機の照明　114
Q 4　東京一極集中問題　115
Q 5　太陽は何色？　116

Level.2

Q 6　炭酸飲料ボトルはなぜ丸い？（1）　117
Q 7　炭酸飲料ボトルはなぜ丸い？（2）　118
Q 8　沈む野菜と浮く野菜　119
Q 9　UVカットのUVって何？　120

Level.3

Q10　ミネラルウォーターの生産場所　121
Q11　福島県の北から咲く桜　123
Q12　録音した声と自分の素の声への違和感　124
Q13　インドネシアの首都移転　126

Level.4

Q14　淑徳与野中学校「ホッキョクグマの体毛」　128
Q15　海城中学校「植物の葉っぱ」　129
Q16　開成中学校「目黒駅の表示」　131
Q17　二松学舎大学附属柏中学校「古文の和歌」　133
Q18　麻布学園麻布中学校「カットフルーツの増加」　135
Q19　学校法人佐藤栄学園栄東中学校「オーバーツーリズム」　136
Q20　麻布学園麻布中学校「4つ足歩行の動物に植物の名前」　138
Q21　栄光学園中学校「明治時代の牛乳の配達」　139
Q22　海城中学校「妖怪を信じなくなった日本人」　141

Q23	海城中学校「水族館のペンギン」	143
Q24	灘中学校「倍数の問題」	145
Q25	開成中学校「9の割り算」	146
Q26	大妻中学校「北陸地方の電気代」	149

Level.5

| Q27 | 共通テスト「地理B」 | 151 |
| Q28 | 共通テスト「世界史B」 | 155 |

Level.6

| Q29 | 京都大学「木簡の発掘調査」（改訂） | 160 |
| Q30 | 東京大学「チケットの転売」 | 162 |

おわりに	165
参考文献	166
監修者・著者略歴	167

第1章
アカデミックマインドとは？

みなさんこんにちは！
この章では、この本のタイトルに入っている「アカデミックマインド」とは何なのか？ なぜ「アカデミックマインド」を身につける必要があるのかについて説明していきたいと思います。

みなさんは**「自分の頭で考えてみよう」**と言われたとき、困った経験はありませんか？ よく言われるこの言葉ですが、実際どんな思考をするのが、自分の頭で考えるということなのでしょうか？ この答えの1つがこれからお話する「アカデミックマインド」という思考法です。

「アカデミックマインド」とは、日常の中で「問いを立てる」、自分で立てた問いに対して「仮説を立てる」、その仮説の「検証をする」という一連の思考法のことを示します。
　日常の中で「これってなぜだろう？」という問いを立てる習慣がつくとことで、当たり前だったものが色づき、身の回りが学びで溢れていることに気がつきます。
　次にその理由を見つけ出していきます。すぐ調べるのではなく、自分が持っている知識や観察できる状況から、自分が立てた問いの答えを考えます。

第1章　アカデミックマインドとは？

　最後に検証です。仮説を裏付ける根拠を探し、それが正しいのか否かを調べていきます。

　このようにして、自分で考えた学びは、受動的に学んだことよりも、記憶に残りやすく、他の問題に応用していくことができます。

　第2章では、まず**「問いを立てる」**方法を学んでいきます。単に問いを見つけよう！と言われてもなかなか難しいですよね。身の回りをどんなふうに見れば、疑問が見えてくるのかについて解説していきます。

　第3章では**「仮説を立てる」**方法を学んでいきます。原因や理由をどのように探っていくのか、具体的な例を元に考えていきます。

　第4章では**「仮説の検証をする」**方法を学んでいきます。Google で答えをみることが、検証ではありません。より深い学びができる方法をお伝えしていきます。

　最後に第5章では、私たちが中学校や高等学校で行っている出張講座や本書のために作成したオリジナル問題から、実際に出題された入試問題まで幅広く取り上げ、「アカデミックマインド」を使ってどうやって問題を解くのかについても**練習**していきます。

　「アカデミックマインド」は日常で使えるだけではなく、思考力を問われる受験でも使えるものなのです。

その1　大学はどんな勉強をするところ？

　アカデミックマインドの思考法を身につけることはどんな意味があるのか、大学との関係性からお話しさせてください。

　まずみなさんに1つ質問です。**「大学とは、どんな勉強をするところでしょうか？」**

　小学校・中学校・高校と勉強をした先で、入学することになる「大学」。ここではどんな勉強が行われているのか、みなさんは知っていますか？

　「学部とかがあるのは知っているけれど、よくわからないな」、「高校までとの違いって、何だろう？」そんなふうに考える人も多いのではないかと思います。

　それもそのはずで、大学の勉強について知る機会は、あまりないと言えます。

　例えば、高校生になってから「私は、文系だし、経済学部に入ろうかな」と考えた人がいたとします。でも実際に、経済学部でどんな勉強が行われているのか、経済学部の中でも経営学科では何が行われているのか、ちゃんと理解している人は少ないのではないでしょうか。大学について、ざっくりとしか理解できていない状態で、「こんな大学・学部に行こうかなあ」と決めているという人がほとんどです。あまり良い状態とは言えませんね。

● **主体的に学んでいく場所が大学**

　この本のテーマである「アカデミックマインド」を説明する前

に、「アカデミック」とはどういうことなのか、「大学で、どんな勉強をするのか？」についてみなさんにお話ししたいと思います。

実はこの**「大学で、どんな勉強をするのか？」という問いには、明確な答えはありません。**

なぜなら、大学という場所は、塾や高校と違って「みんなが同じことを理解するように、決められたことを教えてくれる場所」ではないからです。

逆に、学生が**「自分で学びたいことを設定して学ぶ場所」**であり、「どんな勉強をするか」というのは、その人自身が考えなければならないことなのです。

● 「答えがない」問いに挑む

私は現在経営学について学んでいますが、経営学は「会社の経営をよくするためには何が必要？」というような、実際の企業を題材に経営について考えていく学問です。

ですが、ただ教授の話を聞いたり、先行研究や論文などを読んで勉強したりしているだけでは、卒業すらできません。

「会社の経営をよくするためには何が必要？」という問いに対する答えを、自分なりに考えていく必要があるのです。

この問いに対する答えを教授や先生は教えてくれません。ヒントはくれますが、でも「これが答えだよ！」と言ってはくれません。みなさん自身が、この問いの答えを考えるのです。

もちろん、教授や先生は、意地悪で教えてくれないわけではありません。究極的に言ってしまえば、**大学の問いには、答えがない**のです。

例えば、国際関係の学部や学科で学ぶ上では「どうすれば平和は保たれるか」という問いを考えるわけですが、それについて完璧な答えがあるのなら世界には戦争なんて起こりません。

哲学科では「私とは何か」という問いを考えるわけですが、この本を読んでいる間にも、世界中の哲学者が、その問いについて答えています。

教授や先生も、その答えを探している。答えを一緒に探す仲間として、みなさんが先生たちとも一緒になって学んでいく場所が、大学なのです。

高校までの学びとは違い、**答えのない事象に対して、自分なりの問いを立てて、その答えを考えていく**のです。

○ 進路選択は身近な疑問から始まる

この項目の冒頭（10ページ参照）で例として挙げた学生のように進路を考える際にも「文系だから経営学部に入ろうかな？」と単に得意科目で考えるのではなく、「会社の経営をよくするためには、どうすればいいのか？」「企業が社会にできることは？」……とまで大きくいかなくても、「何で、最近はモノやサービスの値段が上がっているの？」「株価って何？」など、身近な企業と社会に関する「問い」を持っているかどうか、振り返ってみるとよいでしょう。

第1章 アカデミックマインドとは？

その2 「問い」を作り「答え」を考える

　大きな問いに対する答えを導くのに重要になってくるのは、**「自分も問いを作り、その問いの答えを自分で考えていくこと」**です。

　経営学科を例に挙げて考えてみましょう。

　経営学科は、多くの人が「会社の経営をよくするためには何が必要？」という問いに対する答えを考える学科です。

　ですから多くの人が、経営を学び、いろんなことを調べ、時には実地でフィールドワークをしたりデータを集めたりして、問いに対する答えを考えていきます。

　ここで重要なのは、「会社の経営をよくするためには何が必要なのか？」という大きな問いの答えを出すためには、複数の小さな問いが必要だということです。

　「会社の経営をよくするためには……」と考えたとして、パッと答えは浮かびませんよね。問いが大きすぎて、答えが浮かばなくなっているのです。

　このときに、また別の小さな問いを考えてみましょう。「経営がうまくいっている会社の共通点は何か？　それがわかれば、会社の経営をよくするためのヒントがわかるんじゃないか？」と。

　この小さな問いは、自分なりにいくつか考えていく必要があります。大学の先生にアドバイスをもらいつつも、最終的には自分で決める必要があります。そして、自分のカラー（個性やキャラクター）を出した方が、プラスになるのです。

● 問いの多様性

「現在の経営がうまくいっている会社」を考えることに意味を感じる人もいると思いますし、「過去のうまくいった会社」を調べたいと思う人もいるでしょう。

時間軸だけでなく、調べる分野も多様だと思います。世界的な企業に注目して問いを立てるケースもあれば、日本の町工場に絞って問いを立てたい場合もあると思います。

問いは多様で、人によって全く異なっていきます。言い換えれば、**いろんな問いがある方がいい**のです。なぜなら、いろんな人がいろんな問いを立てて自分なりの研究を進めれば、多角的な視点で一緒に研究することができるからです。

研究したことを、「過去のデータはそんな感じなんだね」「現在のうまくいっている会社だと、こういう場合が多いみたいだよ」とシェアできるわけです。もっと言うのであれば、同じ問いでも、答えは人によって違うかもしれません。

「日本の町工場的経営のいいところは、アットホームさだ」と結論を出す人がいれば、「いや、それだけではなく、社員がトップと距離が近いことが1番の要因だ」と言う人もいていいはずです。答えは存在せず、答えに行き着くための手段がたくさんあるだけです。

第1章 アカデミックマインドとは？

● これこそがアカデミックマインド

　たくさんの問いがあり、たくさんの仮説があるわけです。そしてこの仮説を、多くの人たちと一緒に検証していき、答えを出しにいくのです。問いを考え、仮説を立てて、そして検証していく。その過程で、より大きな問いの答えを考えていく……。

　これこそが、大学における学びの本質であり、本書のテーマである**「アカデミックマインド」**だと言えるわけです。

「問いを立てる」「仮説を立てる」「仮説の検証をする」
一連の思考法

Step 1

自分で「問いを立てる」

日常を取り巻く「なぜ？」「どうして？」への感度を高め、物事を深掘りしていく。

Step 2

問いに対して「仮説を立てる」

問いを分解する方法を理解し、多角的なアプローチで原因や理由を考える。

Step 3

仮説の「検証をする」

言葉の定義、「意見」と「事実」を整理して、仮説が正しいか否かを検証する。

「経営学科」の問いを考えてみよう

　では、もしみなさんが経営学科で学ぶとしたら、どんな問いを立てるでしょうか？
　経営学科では、いろんな問いを作っています。

　例えば、東大の経営学科3年生のある学生は、経営学の勉強をするために実際に企業にインタビューに行き、会社内の「男女比がどれくらいだと仕事しやすいか」についてアンケート調査なども行いながら研究していました。
　会社内の男女比率も、「会社の経営をよくするためには何が必要なのか？」という経営学のテーマとマッチしていますね。

　また、留学中のAさんは、「駐在員の引き継ぎについて」をテーマにして、現地で働いている人にインタビューをしながら研究を進めていました。
　駐在員とは、日本の企業に所属していながら、一時的に海外に転勤となり、海外で働いている人を指します。「一時的」なので、頻繁に人が交代するポジションだと言えます。そして、交代が多いということは、引き継ぎがどれだけしっかりできているかにより、仕事のしやすさが左右されるということです。
　これも、「会社の経営をよくするためには何が必要なのか？」というテーマにマッチしていると言えます。

第1章 アカデミックマインドとは？

その4　社会で生きる上で必要なちから

　このように、大学では**「自分なりに問いを立て、仮説を立てて検証していく能力」**が必要になってきます。高校までの勉強が「あらかじめ設定された質問に対して、1つの答えを探す能力」が求められていたのに対して、大学からの勉強では、そもそも質問自体を自分で探すことが必要な上に、複数の答えを探さなければならないわけです。

　さらにこれは、大学だけで求められる能力ではありません。社会に出てからも同じだと思います。上司の質問に答えられる人が求められるのではなく、自分から「この会社の課題は何か」「この会社の事業として、どんなことをしたらいいか」という問いを立てて、それについて考え続けられるような人材が求められるわけです。

　とはいえ、「この会社の課題は何か」という問いの答えが明確に存在して、「わかった！　こうすればこの会社は絶対に成功する！」という解決策があるわけではありません。常にこの問いを考え続けて、常に仮説を立てて、常に検証していくことが求められるわけです。

● 生きるということへつながる

　さらに言うと「生きる」ことも、同じようなことが求められるかもしれません。
　「なんのために生まれて　なにをして生きるのか」。

これは、アニメ『それいけ！　アンパンマン』の主題歌の一節です。

　毎日朝起きて、ご飯を食べて、呼吸をして、日々を生きている我々ですが、この問いに対する答えを出すことができている人はいないでしょうし、日々その答えは変わっていくことでしょう。明確な答えはないと思いますし、自分でその答えを決めていくであろう気もします。

　しかし、決まった答えがないからといって、この問いを全く考えないで生きていく人は存在しないのではないでしょうか。友達と遊んだり、仕事をして社会貢献をしたり、家族を作ったり、人を幸せにしたりする中で、「自分はなんのために生まれたのか」の答えを自分なりに出そうと努力しているので、**逆に、「なんのために生まれたのか」を問う過程こそが、「生きる」こと**なのではないかと思うのです。

　「問いを立てて、その問いに対する仮説を考え、そして検証していく」

　これは、大学において求められる「アカデミックマインド」でありながら、これからの社会で活躍するために必要な能力で、生きる上でも重要になってくる、本質的な力だと言うことができると思います。この能力を養うのが、本書の目的になるわけです。

　どうでしょう？　みなさん、やる気が出てきましたか？

　では次章から、アカデミックマインドの具体的な内容を解説していこうと思います！

第1章 アカデミックマインドとは？

MEMO

第2章
問いを立てよう！

いまココ！

問いを立てる → 仮説を立てる → 検証をする → 練習をする

アカデミックマインドは、「問いを立てる」、それに対して「仮説を立てる」、その仮説の「検証をする」という3つで構成されています。まずは、問いを立てて考えてみようということですね。この部分を第2章でお話ししていきます。

　みなさんは普段から「問い」を持って生活をしていますか？
　授業を受けた後に、先生のところに質問に行っていますか？あまり行っていないという人もいるかもしれませんね。「問い」は、いろんなところにあるものです。
　哲学的な大きい問いだと「なぜ生きるのか？」となりますし、自分にしか適応されない小さな問いだと「なんだかお腹が痛いけれど、変なものでも食べたかなあ？」となります。
　このように、いろいろな問いがあってよいので、**まずは問いを立てよう！**　というのがこの第2章でお話しすることです。
　ちなみに、この「問い」が多い人は、成績が上がりやすいです。普段から「なんでだろう？」「どうしてだろう？」と考えながら生活している人は、いろいろなところからの学びを自分のものに

しているからです。

　例えば私たちは、街を歩いていると、「なんでコンビニはこんなに近接して立地しているんだろう？」「promise は約束って意味の英単語だけど、それがどうして金融会社名に使われているんだろう？」という具合に、**日常のささいなことに疑問を持って、学びに活かせるような話**をしていることが多いです。

　ですから、本当に細かくて小さくて、多くの人が気に留めないようなことでも、なんでも疑問に持ってみることが必要です。

　このように言われても、急にやってみるのは難しいと思うので、いくつか簡単な例を出したいと思います。

例1 　King Gnu の「白日」ってどういう意味？

　「白日」という曲を知っていますか？　言わずと知れた人気ロックバンド King Gnu（キングヌー）のヒット曲ですね。一度は聴いたことがあるという人も多いのではないでしょうか？　でも、この「白日」って、一体どのような意味なのでしょうか？「白い日」と言われると、雪が降っている日なのかな？　と感じる人もいるでしょう。

　アカデミックマインドは、こういうところから始まります。**日々の生活の中の、ちょっとしたことを疑問に思って、その回答を考える習慣を持つようになると**、先ほどお話しした「問い」を持つことができるようになります。

さて、「白日」という言葉に戻りましょう。辞書で「白日」を引くと「身が潔白であることのたとえ」という意味が出てきます。

　「まったく罪がなく、やましさがないこと」を指す言葉として「青天白日」という言葉もありますが、要するに「無実の状態」が「白日」なのです。

　もちろん、King Gnu のメンバーがこの言葉に込めた意味は、彼らにしかわかりません。ですが、辞書にある「白日」の意味と、「白日」の歌詞を照らし合わせると、見えてくるものがあるのではないでしょうか。

　「白日」は、曲の中で「知らないうちに誰かを傷つけてしまった罪の意識」を歌っています。「自分は加害者なのではないか」という問いを歌った歌詞で、そのなかに「真っ白」に「降りしきる雪」が詠みこまれています。

　こう考えると、罪のない状態を示す「白日」と、雪に包まれた「真っ白な今日」を重ね合わせた、ダブルミーニングのタイトルなのではないか、と考察することができますね。

　このように、**「特に意味はない」と思っていた言葉にも、案外いろんな意味が含まれている**ことがあります。

例2 「花嵐」って何だろう？

　Eve（イブ）というシンガーソングライターがいますね。この人物は「花嵐」という楽曲を発表しています。「花嵐」と聞くと、おそらく多くの人は「花吹雪の嵐」のことを思い浮かべるのではないでしょうか。

　でも、「おそらく花吹雪のことなんだろうな」と考えただけで、「花嵐」という言葉を調べたことはないですよね？　実は「花嵐」は、「花吹雪の嵐」という直接的な意味だけでなく、それ以上の深い意味があるのです。

　また、同じくシンガーソングライターの米津玄師も、同じようなタイトルの楽曲を発表しています。「花に嵐」という曲です。

　実はこの、「花嵐」「花に嵐」という表現は、『山椒魚』『黒い雨』などの小説を執筆した作家、井伏鱒二の言葉です。

「花に嵐のたとえもあるさ　さよならだけが人生だ」

『さよならだけが人生だ』は有名ですよね。でも実は、その前の言葉が「花に嵐のたとえもあるさ」なのです。そして、この井伏鱒二の言葉は、ある漢詩（中国の昔の詩）の一部を訳したものだと言われています。于武陵の「勧酒」という漢詩です。

花發多風雨 人生足別離（花発けば風雨多し　人生別離足る）

　この漢詩の解釈は諸説ありますが、私はこれを「花が咲いて、

綺麗なままで残っていてほしいのに、雨風が多くてすぐに散ってしまう。それと同じように、人生も別れが多いものだ」という意味だと解釈します。

これを井伏鱒二は「花に嵐のたとえもあるさ　さよならだけが人生だ」と訳しました。そしてそこから、「花に嵐」「花嵐」という言葉は、「綺麗な花が咲いたのに、雨風や嵐ですぐに散ってしまう」という、その儚さを表現する言葉として使われることが多くなったのです。

そこから転じて、この言葉は多くの小説・映像作品・そして今回のように歌詞の中で引用されています。「花に嵐」「花嵐」というタイトルの曲は他にもありますが、「さよなら」を歌ったものが多いです。

◯ 日常の疑問から知識を得る

どうでしょう？　「**おそらくこういうことなんだろうな」とみなさんが思い込んでいたことが、実は調べてみると意外な広がりを持っている**ことがあります。流行りのヒットソングから、なんと中国の漢詩まで行きついてしまいました。

知らないだけで、身の回りにあるものにはいろんな背景があるのです。みなさんが普段触れているゲームや漫画・アニメにも、意外な背景があるかもしれません。

ですから、日常的に何気ないことに疑問を持つように意識するだけで、いろんな知識を得る機会が増えるのです。

第 2 章　問いを立てよう！

 「スーパーマーケット」の「スーパー」って何？

　日常生活を生きている上での疑問は他にもあります。スーパーマーケットには、「スーパー」が「マーケット」についていますが、これはどういう意味なんでしょうか？　スーパーといえば、我々は「すごい」という意味で使いますから、「すごいお店」ということになります。でも、スーパーマーケットの「スーパー」には、すごいイメージがないですよね。なぜ、スーパーマーケットは「スーパー」と呼ばれるのでしょうか？

　実はスーパーは「すごい」という意味だけではないのです。「super」は英語の「superior」という言葉から派生してできています。そしてこの「superior」は、「〜よりも優れている」という意味があります。そこから転じて、**他の人よりも優れている、という使い方をするようになり「すごい」という意味**で使われるようになりました。

　つまり、「〜よりすごい」が本来の言葉の意味で、そこから派生して「誰よりも優れている」＝「すごい」という意味になっているのです。

　そして「スーパーマーケット」は、「伝統的な市場（マーケット）と比べたら、それよりも優れている」という意味だと言われています。昔から市場は多くのところで作られていましたが、その市場はお店が個別で出されていて、商店街のような形態でした。それよりも、1つの店舗の中になんでも揃っているこのお店の方が、「スーパー」（＝より優れている）という意味だったわけですね。

— 25 —

例4 「青信号の謎」を一緒に考えよう!

　それでは、普段当たり前に目にしている「青信号」についての「疑問」を一緒に深掘りしていきましょう!

「青信号」って、青くないですよね。
「緑色」に見えていると思います。
でも、呼び方は「青信号」ですよね。
どうして「青信号」なのかを考えてみましょう!
他に青色ではないのに、青と呼んでいるものはありますか?

う〜ん。
「青汁」も緑色だけど、「青」ですよね!

そうですね! 青汁がもし本当にブルーハワイのような青色の飲み物だったら、少しイヤですよね。
他にも、新緑を指して、「青々とした緑」と言うことがありますが、よく考えると不思議ですよね。青いの? 緑なの? と。

— 26 —

「青葉」だって緑です。「隣の芝生は青い」と言いますが、本当に青かったらみなさん絶対に憧れませんよね。
こんなふうに私たちは「緑」を「青」と表現することが多いです。

改めて考えると不思議ですね〜。なぜ、私たちは緑を青と表現するようになったのでしょうか？

その答えは、なんと「古代」まで遡ります！
極端に言うと、元々、**色は4種類しかありませんでした**。いえ、存在はしていたのですが色を示す言葉が4種類しかなかったのです。

それは、「**赤**」と「**青**」と「**白**」と「**黒**」です。
この4つの色だけで、他の色を表したのです。

え！　じゃあ、その時代には、「葉」は何色と表現されていたのですか？

いい「問い」ですね!
葉の色は、「緑」ではなく「青」という言葉を使って、**「青々と」**と表現されていました。今も葉や木々が生い茂っている様子を「青々と」茂っていると言いますよね。

茶色も黒色の一種とされていて、「浅黒い」などと表現されていました。今でも「浅黒い」という言い回しは使いますよね。
同様に、黄色も赤の一種にカウントされていました。

なるほど。「黒い」「赤い」は今も同じように使っていますが、「緑い」とは言わないですね。

名残として、今でも「赤い」「青い」「白い」「黒い」とは言いますが「緑い」や「黄い」とは言いません。**色が形容詞(名詞を修飾する言葉)になるのは、「赤」「青」「白」「黒」だけなのです。**「茶色い」とか「黄色い」とは言いますが、これは「色」という言葉を使わないと表現できません。「茶い」「黄い」とは言わないわけです。

うわ〜、言われてみればそうですね。
では、他の色はいつ生まれたんでしょうか？

他の色がどんどん増えてきたのは、平安時代末期から鎌倉時代になってからだと言われています。
しかしそれ以降も、この4色が日本古来の考え方として残っていて、**この4色以外の色はそれ以外に比べて優先順位が低い**のです。
だから、信号も青いと言うし、緑色の汁も「青汁」と呼ぶのです。日本古来の色の呼び方が、今でも残っているのが「青」という色だというわけですね。

「青汁」の謎だけでも、さまざまなことが見えてきて感動しました……。

そうなんです。
「問い」を考えていくと、どんどん深いところまで自然と掘れてしまうんです。
その過程で新しい問いも生まれてきますよ。

やり方
問いの立て方を学ぼう！

　いかがでしょう？　これだけ**いろいろな「問い」がみなさんの生活の中には**埋もれていたわけなのです。問いを持つことは、実はそんなに難しいことではありません。普段の生活にアンテナを張っていれば、自ずと見えてくることが多いのです。

　でも、具体的に疑問を持つためには、どんなことをしてみればいいのでしょうか？　これについて、ここでは４つの方法についてご紹介したいと思います。

これから始める４つのステップ

step 1	５Ｗ１Ｈを意識しよう！
step 2	まずはなんでも検索してみよう！
step 3	具体的にしたり、抽象的にしたりしてみよう！
step 4	他と比べてみよう！

　では、早速始めていきましょう！　例題を用いながら説明していきますので、一緒に考えながら読み進めてみてください。

第 2 章 問いを立てよう！

 ５Ｗ１Ｈを意識しよう！

　みなさんは、５Ｗ１Ｈを知っていますか？　英語の疑問詞と呼ばれるものです。問いを立てるときは、これら**６つの疑問詞**が役に立ちます。

- **When（いつ）** いつから、何年前から、どの時代からあった**「ひと・もの・こと」**なのかを考えます。

- **Where（どこで）** そのものがある場所、発祥の場所、移動した場所、関連のある場所などを考えます。

- **Who（誰が）** どんな人物や団体が関わっていて、どのような人々なのかを考えます。

- **What（なにを）** 対象の**「ひと・もの・こと」**がどんな存在や機能をもつものなのかを考えます。

- **Why（なぜ）** その事象が起こっている理由や原因について考えます。

- **How（どのように）** どんなふうに扱われていたり、どのように使うのかなどについて考えます。

というように、情報を細かく見ていくときに重要な要素なのです。

例1 「噴水」から問いを立てる

みなさんがよく行く公園に、噴水があったとしましょう。その時に、その噴水についていくつかの問いを考えることができますね。

- **When（いつ）** いつから噴水があるのか？ 公園が作られた時からこの噴水はあったのだろうか？

- **Where（どこで）** どうしてこの公園に噴水があるのか？ 他の公園ではなく、なぜこの公園に？

- **Who（誰が）** だれがこの噴水を作ったのか？ そもそも噴水というものを作ったのは誰だったのか？

- **What（なにを）** そもそも「噴水」とは、何だろうか？

- **Why（なぜ）** なぜ噴水があるのか？ 何を意図して作られたものなのか？ 噴水があると、どんなプラスになることがあるのだろうか？

- **How（どのように）** どうやって建設するんだろうか？

いつ作られたのか、どうしてここなのか、誰が作ったのか、どういうものなのか、なぜそんなものが作られたのか、どのようにして作られたのか。6つも質問を考えることができました。

例2「スマホ」から問いを立てる

次は毎日使っている「スマホ(スマートフォン)」を例に考えてみましょう。「スマホ」についてもいくつか問いを立てることができます。

When(いつ) いつスマホは作られたんだろうか？

Where(どこで) どこでスマホは作られているんだろうか？ 工場とか？ そうであれば、どこの工場？ あるいはスマホを使っていない地域は、どこだろうか？

Who(誰が) 誰がこのスマホを作ったんだろうか？ どんな人がスマホを使っているんだろうか？

What(なにを) スマホってなんなのだろうか？ どんな定義があるのだろうか？

Why(なぜ) なぜスマホは作られたのだろうか？ 便利ではあるけれど、どんなことを意図して作られたんだろうか？

このように、さまざまな問いが考えられます。1つの疑問詞の中に複数の問いがあってもいいですし、すべての疑問詞を使う必要はないので、できそうな疑問詞から問いを立てましょう。

これら6つの疑問詞を頭に入れておくと、1つの事象に対して、多角的な視点で問いを立てることができます。

　たくさん問いを立てていくと、「why」つまり「なぜなのか？」という答えを見つけるのが難しい事象にぶつかることがあると思います。

　例えば、「なぜ、日本の若者はどんどん選挙に行かなくなっているんだろう？」という問いです。この問い1つだけでは、答えが出にくいでしょう。

　でも、「では、いつから若者は選挙に行かなくなっているんだろう？　その時期がわかれば、何か見えてくるかも！」と考えることはできますよね。また、「どの地域が具体的に選挙に行く若者が少なくなっているんだろう？　東京？　それとも地方？」など。

　このようにして考えていくと、問いはどんどん広がっていきます。ぜひ、やってみましょう！

第 2 章　問いを立てよう！

まずは何でも検索してみよう！

　５Ｗ１Ｈを理解した後は、**とにかく検索する習慣をつける**ことです。普段から、日常生活を送っている中で疑問に思ったことをどんどん調べていくようにするのです。

　日々を生きている中で、「あれ？　これってどうしてなんだろう？」と感じることを、とにかく調べるのです。

　本で調べてみてもいいですし、インターネットで検索したり、最近では AI に聞いてみる方法もあります。みなさんの疑問の答えが見えてくることがあるはずです。

例1「もしや」の「や」を検索

　「もしや」という日本語をよく使います。この「もし」は仮定のことを考える言葉だとわかりますが、「や」はなにか、想像がつきますか？　「なんだろうな？」と思ったら、「もしや」で調べたり、検索してみるのです。紙やインターネット上の辞書には答えが載っているはずです。

　この「や」は、強調の言葉ですよね。古典の勉強をするときに「係結び」を習ったと思いますが、その中の「ぞ　なむ　や　か　こそ」の「や」です。

　さらに調べていくと、同じような言葉で「これこそ」の「こそ」も当てはまることがわかります。

例2「ユニーク」の意味

「きみはユニークだね」「ユニークな発想を求めています！」なんて言ったり、聞いたりしていませんか？　よく使うこの言葉ですが、どういう意味なんでしょうか？

「ユニーク　意味」で検索してみると、「変な」とか「独特の」とかそういう意味が出てきます。そして、それと同時に、「ユニーク」は英語の「unique」という英語が日本語になったものだということがわかります。

こうなったら次は、「unique」という言葉も検索してみましょう。するとこの単語は、「uni」が「1」という意味なので、「唯一の」「他にはない、ただ1つのもの」というニュアンスで使われる言葉だということがわかります。転じて、日本語では「他にはない」＝「独特の」というように使われるようになったわけですね。

こんなふうに、自分たちの身の回りにある言葉を調べることで、語彙力を鍛えたり、教科書に書いてある知識をより深く理解したりできるのです。

自分の身の回りのことに「なぜ？」という目線を向けて、検索する。そして**検索して答えが出てきたらそれで終わりではなくて、そこから他のものも調べてみる**。そういう姿勢を持っておくことで、疑問も持てるようになっていきます。

第2章 問いを立てよう！

例3「検索エンジン」の使い方

　GoogleやYahoo!で気になることを検索するときは、文字検索だけではなく、状況に応じていろいろな使い方をしてみましょう！

　英語を学ぶ時は、まずはその**英語を検索エンジンで画像検索**してみるのがおすすめです。ただ言葉が翻訳されているのを見るだけでは、なかなか英語の本質的な理解はできません。

　例えば「Structure（ストラクチャー）」が「構築」だと言われても、「うーん？　構築ってどういうことだろう？」とイメージがつきにくいですよね。でも「ストラクチャー」の画像を調べてみると、積み木が積み上がっていくようなイメージ画像が載っていて、「ああ、物事を組み立てたり、作り上げたりするイメージの言葉なんだな」とわかってくるはずです。

　他にもこんな使い方があります。例えば、Googleで「天気」と検索して、「ツール」ボタンを押してみてください。すると、時間を指定できるボタンが現れます。これを1か月以内で選択すると、ここ1か月の天気の動きがわかるんですね。

　このように、ただ検索する以外にもいろいろな調べ方がありますので、ぜひ、試してみてください！

step3 具体的にしたり、抽象的にしたりしてみよう！

みなさんは、**具体化と抽象化**という言葉を知っていますか？

具体化は、**言葉にいろんな説明を加えて、わかりやすくすること**です。例えば、「例えば」という言葉を使って説明を加えたりすることは、具体的な例を出して相手にわかりやすく説明しようということですよね。ですからこれは「具体化」と言えます。

「甘いものが好き！」と言う時の、「甘いもの」なんて無限にあります。オレンジジュースもケーキもアイスクリームも甘口カレーも「甘いもの」ですよね。そんな中で、「どんな甘いものが好きなの？」と聞くのが、「具体化」になります。

それに対して抽象化は、この逆です。**具体的なものの共通点を見つけて、より広く応用させていくこと**です。例えば、「ケーキやアイスクリームが好きなんだよね！」と言う友達に対して、「ということは、あなたは甘いものが好きなんだね！」というのは、「ケーキ」「アイスクリーム」という具体的なものを聞いて、それの共通点である「甘い」という要素を抜き出し、応用可能な「甘いものが好き」という情報に変換していますよね。これこそが、「抽象化」です。

さて、これを駆使すると、「問い」を持ちやすくなっていきます。

例1「具体化」と「抽象化」の繰り返し

では、次の2つの疑問を例にとって、具体化と抽象化をどのように進めるか考えていきましょう。

1つ目は「猫はどうして気まぐれなのか」という問い。まずは「気まぐれだと感じるのはどのようなところだろう？」「どのような仕草を見て、気まぐれだと感じるのだろう？」と考えて、「気まぐれ」を具体化していきます。

次に「猫はどうして、犬と違って、こっちに来てほしいと呼んでもこっちに来てくれないんだろう？」と考えて「猫」を具体化してみます。こうすることで問いが分解されていきます。

2つ目は「私の学校の音楽室の壁材は、どうして小さい穴が、規則的に開いているんだろう？」という問い。「あれ、でもこの学校の音楽室だけじゃなくて、いろいろな学校の音楽室も同じように穴が開いているよな」と考えて、「多くの学校の音楽室の壁は、どうして穴が開いているんだろう？」と抽象化することができます。

このように、**具体化と抽象化を繰り返せば、問いはより深く、問いやすいものにできるようになっていくのです。**

例2「僕はなぜモテないのか？」

「なんでも疑問に持ってみよう！」と言うと、「なぜ僕はモテないのか？」という疑問を挙げる男子生徒が何人かはいます。切実な悩みだよな、と思うのですが、でも、「うーん、なんでだろう？」と考えても、この問題に対する答えって出てきませんよね。なぜなら、この問いが具体的ではないからです。もっと説明を加えて、一緒に考えてみましょう。

「モテない」とはどういう状態でしょう？

僕の場合は、女子からあまり好かれないっていう状態かなあ～。

なるほど！ そう考える場合「なぜモテないのか？」は、「なぜ僕は女性にあまり好かれないのか」という問いになりますよね。こっちの方が具体的です。もっと具体的に言うのであれば、**「なぜ僕は、女性にあまり好かれる要素を持っていないのか」**と考えることができますよね。

言い換えたら、少しダメージが大きくなった気がします(笑)。
そうしたら、「好かれる要素」は何だろうという問いに変換できますね!

その通り! 「女性に好かれる要素とは何か?」「もしかしたら、その要素を自分が持っていないから、女性にモテないんじゃないか? もしその要素を得ることができたら、自分はもっとモテるんじゃないか?」と問いに対する答えを出そうと思考していくことができますよね。

少し前向きな気持ちになってきました(笑)!
そうすると、モテるために必要な要素は何か考えれば、いいですよね!

そうですね!
逆に、「なぜ僕はモテないのか」という問いを**抽象化**してみてもいいですね。

ということは「女性に好かれない要素は何か？」「もしかしたら、自分がその要素を持っているのではないか？」という問いにもできますね！

1つの問いに対して、**アプローチはプラス面とマイナス面の両方を考える**ことで、いろいろな可能性が見えてくるかもしれません！

たしかに！　自分が持っている「モテない要素」は、自分に自信がないから、それが表に出てしまっているからかもしれない……。

心のどこかで「自分に自信がないからではないか」と考えているのであれば、「なぜ、自分をはじめとする自分に自信がないヤツはモテないのか」という問いに変換できます。**「僕・自分」という具体的な要素を、「自分をはじめとする自分に自信がないヤツ」と抽象化**したわけです。

「自信がある人ってどんな人だろう？」「自信を持つためにはどうすればいいか？」と考えを深めていくことができますね。

第2章 問いを立てよう！

step4 他と比べてみよう！

　最後は、「比較してみる」です。何か疑問を持つ時に、「比較」というのは大きなポイントになります。比較をすることで、それがどのくらいの価値なのか、平均以上なのか以下なのか、多いのか少ないのか、**客観的なデータを調べる**ことができます。

　みなさんは「廃棄率」というデータを知っていますか？「廃棄率」は、食材を食べる時に、どれくらいの部分を廃棄しているかを示したデータで、通常は廃棄部分の重量を、食材の総重量に対する比率を示した数字で示します。例えば「バナナ」は食べられない皮の部分を取り除いて食べるので、廃棄率は40%程度と言われています。

　このように聞いても、みなさんは何の疑問も持てないことでしょう。「へー」って思うくらいですよね。

　でも、**他の果物と比較したらどうでしょう？** 例えばりんごは廃棄率が15%で、さくらんぼは10%だそうです。桃やぶどうも15%で、結構少ないですね。

　多いのはメロンで、50%もあるそうです。ばらつきがありますね。

　このように比較していくと、「え、なぜメロンは、そんなに廃棄率が高いんだろう？」「意外とバナナも高いけど、どうしてだろう？」と疑問が出てきますよね。

　他にも「比較」の例を見ていきましょう！

― 43 ―

例1「方言」の比較

方言を例に挙げてみましょう！
同じ言葉でも地域によって、言い方が異なりますよね。

　　捨てる　　　　　　　　　投げる

　北海道では「捨てる」ことを「投げる」と言います。北海道に住んでいる人は、ゴミを「それ投げといて」と言ったりするのです。北海道の人であれば、「はーい」となるでしょうが、他の地域の人が聞いたら「なぜ、ゴミを『投げる』んだろう？」と思うはずです。

　　おはぎ・ぼたもち　　　　　半ごろし

　もち米やうるち米を潰して、あんこやきなこをまぶした食べ物を「おはぎ・ぼたもち」と言いますが、長野県や富山県では「半ごろし」と言われています。炊いたもち米をすりこぎで半つぶしになるくらいついた状態、という意味からきているそうです。

　　疲れた・固い　　　　　　こわい

　「こわい」というと、何か不気味なものをイメージしますが、北海道・東北地方では「疲れた」ことを「こわい」と言います。また、東海地方では「固い」ことを「こわい」と言うそうです。

例2「英語」と比較

日本語を英語と比較することで、見えてくる事実があります！　例をみていきましょう！

　　私・僕・俺　　　　　　　　I (アイ)

日本では「俺」「私」「僕」と一人称を表す言葉が多いですが、英語には「I」以外にはありませんよね。

日本語では当たり前でも、英語と比較して考えてみると疑問に思えるものも多いのです。

　　　　羊　　　　　　　　　sheep (シープ)

日本語の「羊」を英語では「sheep」と言いますね。でも、実は英語ではこれをさらに、雄の羊を「ram (ラム)」、雌の羊を「ewe (ユー)」と言い分けるんです。

さらに、大人の羊肉は「mutton (マトン)」、子羊の肉は「lamb (ラム)」というんですね。

他にも、英語は雄と雌を使い分ける言葉が多いので、調べてみると面白いかもしれませんね。

やってみよう！

第2章では「問いの立て方」を学んできました。4つの方法を用いながら、実際に「問い」にチャレンジしてみましょう！
4つすべての方法を使う必要はないので、各問題をみながら、どの方法を使えるか考えてみてください。

Q1

「オーダー」という、レストランでよく使う言葉ですが、日本語に訳すとどのような意味なのでしょうか？ 調べてみましょう！

order(オーダー)という単語の中心は ord で、ラテン語の ordo「列」という語に由来します。ここで、職場や学校、人間関係などにおける「順序よく整えられた列」といったら、階級や序列のことを指します。

　序列が上の人から下の人へは、命令や依頼、注文をすることもありますよね。
　ここから「注文」という意味が出てきたと考えられています。または、列を整えるには誰かからの指示や命令が必要だった、と考えて、そこから「注文」に派生したと考えることもできます。

第 2 章　問いを立てよう！

> Q2
>
> ゲームやビデオで一時停止ボタンを押すと「ポーズ中」と表示されます。
> あの「ポーズ」とは、どのような意味なのでしょうか？

「停止する、休止する」という意味になります。日本語で「ポーズ」と発音する英単語は2つあります。pose と pause です。

このうち、写真を取るときの「ポーズ」は pose、ゲームなどで表示されるのは pause です。

どちらも語源は同じで、pos「置く」という言葉から来ています。pause は、pos がそのままの形では使われておらず、少し形が崩れてしまっているのに注意です。

pose の場合、その場に身を置いて姿勢を保つことから「ポーズを取る」となります。

pause の場合、一時的に身を置いて休むことから「停止する」となります。

Q3

どこのスーパーにも並んでいる「プレーンヨーグルト」。「プレーン」とは、どのような味のことを指すのでしょうか？ そもそも、プレーンとは何でしょうか？

　プレーンヨーグルトとは「甘みやフルーツなどが入っていない、生乳を発酵させただけのヨーグルト」のことです。
　ここで使われているプレーンは英語で plain と書き、「シンプルな、素朴な」という意味です。plain の中心になっているのは pla で、「平らな」という意味です。

　味が「平ら」というのは、調味料などによる強い味付けがされておらず、特徴的な風味・香りもない、素材本来の「素朴・シンプルな」味、ということです。
　ちなみに plain は「平原」という意味もあります。オーストラリアのグレート「プレーンズ」がこれですね。平原とは、起伏のある山地や丘陵とは違って、簡素で平らな地域のことを言います。

第 2 章　問いを立てよう！

みなさんが苦手な科目を 1 つ思い浮かべてください。「なぜその科目ができないのか」について、問いを分解してみてください。

英語の場合
・英単語を全然覚えられないのはなぜか？
・英文法の成績が上がらないのはなぜか？
・英語の長文を読むスピードが遅いのはなぜか？

Q5

日本語と英語を比較して、その違いとして思いつくことを書いてみよう！

・主語＋動詞、という順番を守らなければならないこと
・「私」「僕」「俺」などの一人称の数
・「こもれび」「どんぶらこ」などのいくつかの日本語の言葉が、英語にはない

・「3 人兄弟」のことを、「I have two brothers.」と表現する
・日本語には、完了形が存在しない

アカデミックマインド 探究型思考力 育成講座

コラム その1

　東大カルペ・ディエムが、実際に全国の小・中学校・高等学校で実施している**「アカデミックマインド育成講座」**の様子をご紹介します！

　講義は本書と同様に「問いを立てる」「仮説を立てる」「検証をする」「入試問題を解いてみる」という流れで実施されます。

学校で「問い」を見つけよう！

　講義は教室での授業だけではなく、フィールドワークも実施します。実際に身の回りを注意深く歩いてみることで、当たり前すぎて通り過ぎてしまっていた景色が違ったものに見えてきます。

コラムその1

　西東京市にある武蔵野大学高等学校の皆さんと実施したフィールドワークでは、キャンパス内を散歩し、こんな「問い」を見つけました。

　左ページの写真を見て気がつくところはありますか？
　そうです。「木が大きく曲がっている」ことがわかります。

　さらに「問い」を深掘るために大切なのは観察することです。曲がっているのはこの木だけなのか、周り一帯の木がすべて曲がっているのか。木のどのあたりから曲がっているのか。いつから曲がっているのか。木は東西南北どの方向に曲がっているのか。など、5W1Hを使って、問いを分解します。

　ちなみに、講師が考えた仮説は次のようなものです。

「僕は、ここで地盤沈下が起きて、過去に木が倒れたのではないかなって考えます。ある部分から木がぐーっと上に伸びているよね。植物は日光を求めて上に伸びるから、倒れた状態から伸びた結果、こんなふうに曲がったのかもしれないね」

　皆さんもぜひ、近所を歩いて、気になることを見つけてみてください。小さな発見が大きな学びにつながるかもしれません。

第3章

仮説を立てよう!

いまココ!

問いを立てる ▶ **仮説を立てる** ▶ 検証をする ▶ 練習をする

第3章でお話しするのは、「仮説を立てる」です。「問いを立てる」ということについて、ひと通りお話しすることができましたので、次は、その問いに対して仮説を持つことについて考えていこうと思います。

　仮説の立て方はとてもシンプルです。**「その問いに対する答えを考える」**だけです。
　「なんだ、簡単じゃん」「すぐに終わるよ」と多くの人が思うかもしれませんが、意外とこれが奥深いんですよね。
　というよりも、「いかに奥深く考えられるか」が重要になってきます。
　早速、例をみていきましょう!

第3章 仮説を立てよう！

例1 アイスクリームの「ピノ」の名前の由来

　みなさんは「ピノ」というアイスクリームを知っていますか？ 1976年に森永乳業が開発した一口サイズのアイスクリームですね。なぜ、あの商品は「ピノ」と命名されたのでしょうか？
　「開発当時の担当者がそう決めたからでしょ？」
と答える方もいるでしょう。それはそれで正しいです。でも、その「答え」で満足していいのでしょうか？　もっと答えを深く掘り下げて、別の答えを考えることもできるのではないでしょうか？

　インターネットで調べてみるとイタリア語で「松」を意味する言葉がpino（ピーノ）、また、「松ぼっくり」がpigna（ピーニャ）だそうです。森永乳業のホームページにも「小さくて可愛らしい形をイメージして、イタリア語で『松ぼっくり』を意味する言葉をもじり、Pino（ピノ）と命名されている」と記載があります。さて、ここまでに「なんで『ピノ』っていう名前なんだろう？」という問いに対して、2つの答えがありました。

- 開発当時の担当者がそう決めたから
- イタリア語で「松」を指す言葉で、松ぼっくりのような小さくて可愛らしい形のお菓子だったから

— 53 —

１つ目の答えも、間違っているわけではありません。これも答えです。でも、この答えはパッと思いつく、簡単な答えですよね。このような、**考えなくても答えられるような答えのことを、「イージーアンサー」と呼びます。「簡単な答え」という意味です。**

　仮説を検証するときは、イージーアンサーだけではなく、さらに深掘りして考えていくことが大切です。身近な例をみてみましょう。

例2 なんでこの前のテスト、成績が悪かったの？

　みなさんはお母さんから、「なんでこの前のテスト、成績が悪かったの？」と聞かれたとして、「頭が悪いからだよ」なんて答えることはありませんか？

　こう答えると、お母さんはさらに怒るかもしれません。「いや、もっと深く考えなよ！」と。

　テストの成績が悪かったときこそ、その理由をパッと思いつく「簡単な答え」で終わらせずに、深掘りして、改善することが大切です。例えば、遊びにかまけて勉強時間が足りなかったとか、部活が忙しくて勉強時間が足らなかったとか、ちょっと体調が悪かったとか、もっと他の違う答えも考えられるのではないでしょうか。

● すぐに答えを出さないこと

　アカデミックマインドを身につけるために重要なのは、**簡単に「これが答えだ」と考えないこと**。簡単には答えは出ない。深く考えていこう。そういう姿勢を持って、ここからの話に臨んでもらえればと思います。

　「仮説を立てる」時に重要なのは、**「すべてのことには理由がある」と考えること**です。「理由なんてない」と思うのではなく、「そうなっているのは、きっと理由があるはずだ」と考えて、その理由を考えていくのです。

例3 「悶」の部首は「門」と「心」のどちらか？

　悶絶の「悶」という漢字の部首は「門」と「心」のどちらか、わかりますか？

　答えは「心」です。多くの人が「門」と答えると思うのですが、実は心の方が部首です。

　「へえー、そうなんだ。覚えなきゃ」と感心してメモしている人がいそうですが、みなさん一旦ストップです。**これにも理由があるでのはないかと考えてもいいですよね？**「悶の部首はなぜ、心なのか」。これも立派な問いです。「そういうものだから」と考えるのではなく、これにもきっとなんらかの理由があるはずだと考えると、実は意外な答えが出てくるものです。

　この問いの答えを考えるときにみなさんに意識してもらいたいのは、先ほどの章でもあった「比較」です。他の漢字がどうなっているのかを調べてみましょう。

　例えば「曖昧」の「曖」という漢字の部首は「日」でしょうか？「愛」でしょうか？　これは「日」の方が部首になります。

　「忘」という漢字の部首はどうでしょう？　「亡」でしょうか？「心」でしょうか？　これは「心」になります。

　さて、いろいろと例を出しましたが、また第2章のおさらいに戻ります。**具体的な例をいくつか出したら、次はその共通点を探して、抽象化をしてみましょう。**どんな共通点が考えられるでしょうか？

― 56 ―

● 部首について考えてみる

　答えは「読み方と違う方が部首になっている」です。例えば「悶」は、音読みで「モン」ですね。この読み方は、「門」という漢字も同じですが、こちらの漢字ではない方の「心」が部首なわけですね。「曖」もそうですね。「アイ」と読みますが、「愛」ではない方の「日」が部首になっています。「忘」も、「ボウ」と読みますが、この漢字の部首も「ボウ」と読む「亡」ではなく「心」です。

　実はいくつかの漢字には、「2つの漢字が合体してできた漢字は、音読みの読みになっている漢字ではない方を部首にする」というルールがあります。「志」という漢字は音読みで「シ」ですが、「士」が同じ読み方なので、「心」が部首です。「貢」という漢字は音読みで「コウ」なので、「工」ではなく「貝」が部首です。

● 原因と結果

　多くの人が丸暗記しているであろう「部首」に関しても、このような答えがあったわけです。ちなみに、「じゃあ、なんで部首にはこんなルールがあるんだろう？」というように考えられている人は、アカデミックマインドが身についてきていると言えるでしょう。

　原因があって、結果がある、という因果関係の考え方にのっとれば、いま目の前に見えているのは「結果」であり、見えていない部分としての「原因」がどこかにある。だからこそ、みなさんには因果関係を考える習慣を持ってほしいのです。

例4 ペリー来航と年号について一緒に考えよう

ここでは歴史の年号を例にとって、一緒に仮説を立てていきましょう。

みなさんは1853年という年に日本で何が起こったか、知っていますか？ <u>ペリーが黒船に乗って、日本に来航した</u>年ですね。多くの人が小学校の時に習ったと思います。

え〜と……。「いやでござんすペリー来航」だから、1853年ですよね……。

よく覚えていましたね！
「1853年」という年を丸暗記してもいいのですが、その数字を受け入れるだけではなく、「<u>なぜ1853年だったのか</u>」を考えてみましょう。

う〜ん。ペリーが日本へ来たい気分だったのかなあ。もしくは、たまたま1853年だったとか……。

— 58 —

第3章 仮説を立てよう！

入り口はOK！
でも、それはイージーアンサーです。もっと深く考えてみると、見えてくることがあります。
実は、「1853年」にペリーが来たことには、いろんな理由が考えられるのです。

1853年の前後には、世界中で大きな出来事が起こっています。
ヨーロッパで「**クリミア戦争**」という、フランスやイギリスなどとロシアの間での大きな戦争が勃発した年も、実は1853年でした。

なるほど。
歴史的な戦争と黒船来航が関係しているということですね。

クリミア戦争は、歴史家によっては「第0次世界大戦だ」と言う人もいるくらい、いろんな国が絡んだ大きな戦争でした。
このように考えると、「1853年」の理由が見えてきませんか？

そういうことか……。もしかしたらアメリカは、**イギリスやロシアが日本に手出しできないタイミングを狙って日本に来た**のかもしれないですね……。

深掘りができてきましたね！ 1853年の13年前、1840年に起きたアヘン戦争によって、イギリスは中国を開国させています。
日本も中国と同じようにいろいろな国に狙われていて、その中でイギリスをはじめとする多くの国が戦争中だったからアメリカが来た……そんなふうに考えることもできると思います。

もっと言えば、アメリカは1848年まで、西海岸に到達していませんでした。アメリカは1776年にできた国ですが、この当時はまだ東海岸側の13植民地の連合でしかなく、1800年に入ってから西に向けてアメリカの領土拡大をしていったのです。
そして、カリフォルニアを獲得して太平洋側に到達したのが、1853年の5年前、1848年だったのです。そしてそこで金が発見され、1849年には金を求めて多くの人がサンフランシスコを訪れるようになります。この人々のことを「フォーティナイナーズ」といいます。

第3章 仮説を立てよう！

サンフランシスコに本拠地を置く「サンフランシスコ・フォーティナイナーズ」というアメリカンフットボールチームと同じですね！

その通り！ 18「49」年に多くの人たちが殺到したから、この名前がついているそうです。これが、1853年の4年前です。どうですか？ **1853年という数字に重みが出てきますよね？**

また、ペリーが来航する1853年の2年前にあたる1851年には、今でも続く世界的なイベントの第1回が開催されているのです。

1851年、世界初の万国博覧会である第1回ロンドン万博がイギリスで開催されました。当時としては珍しいガラス張りの会場はクリスタルパレスと名づけられ、800万人もの人が訪れるビッグイベントになりました。
では、**なぜ万国博覧会は開催されたのでしょうか？**

当時のイギリスの技術力を世界にアピールしたかったからでしょうか？

— 61 —

ご明察！　**イギリスが世界に向けて自国の工業力をアピールしていた**、という側面があります。その後、ロンドン万博に触発されて1855年にはフランスでパリ万国博覧会が行われています。

要するに、いろんな国が工業化し、世界にアピールできるだけの工業力がついてきたのがこの時代の特徴だと考えることができます。

そして工業力があるということは、その工業力でさまざまな製品を作ることができ、自分の国の製品を他国に売ることができるということでもあります。

この19世紀という時代には、イギリスをはじめとする多くの国が、貿易相手を探していたのです。その過程でアジアに訪れ、**アヘン戦争で中国に行き、そして日本も開国させた**、と見ることができます。

どうですか？　1853年というなんの変哲もない年号に、いろんな歴史的なつながりを感じませんか？

― 62 ―

第3章 仮説を立てよう！

● ペリー来航が「1853年」だった理由の仮説まとめ

■ 19世紀には、多くの欧米列強が、自国の工業製品を売るために開国を要求していたから。

■ 1853年にはヨーロッパでクリミア戦争が勃発しており、ヨーロッパの国々が手を出しづらいタイミングだったから。

■ アメリカは1848年にサンフランシスコに到達しており、日本との交易ルートを確保しやすい時期だったから。

仮説の立て方を学ぼう！

　仮説を立てる時に重要なマインドについて理解していただけましたか？　ただ参考書を読んでいるだけでは、このような問いの答えを考えることはできません。**「なぜだろう？」と考えて初めて、このように原因・理由の仮説を立てることができるわけです。**

　では、実際にどうすれば仮説を立てられるのか、2つのステップに分けて、みなさんに紹介したいと思います。

これから始める2つのステップ

step1　　問いを分解する！

step2　　過去を調べてみる！

　では、早速始めていきましょう。例題を用いながら説明していきますので、一緒に考えながら読み進めてください。

第3章 仮説を立てよう！

step1 問いを分解する！

みなさんは、「わかる」という言葉の語源を知っていますか？ これは、「分ける」から来ていると言われています。物事を理解する時、僕らは「わかる」ようになるレベルまで分解しています。

難しい問題を見て、「わからない！」とお手上げになったことがありますよね？ そういう時に重要なのが、**「分解」**です。「わからないところ」と「わかるところ」を分けていくんですね。分解して、「ここまではわかる」「ここから先はわからない」と切り分けていくことで、理解が進んでいきます。

自分にとってもう知っている（既知の）部分と、自分が知らない（未知の）部分があって、その2つをしっかりと分け、既知の部分を使って未知の部分を理解していく。そうすることによって、物事が「わかる」ようになっていく、というわけです。

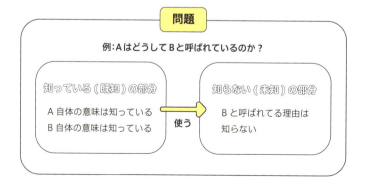

例1「要義」ってどういう意味？

みなさんは「要義」という言葉を知っていますか？おそらく、知らないと思います。なかなかお目にかからない日本語ですよね。でも、まるっきり「わからない」というわけではありませんよね？この言葉を分解してみましょう。

まずは「要」と「義」に分解できますね。ということは、「要義はどういう意味か？」というのは、「要はどういう意味なのか？」「義はどういう意味なのか？」という2つの問いに分解することができるわけです。さて、「要」はどういう意味でしょう？「要」は「かなめ」と読みますよね。そして「大切である」ということを示します。「要所」といえば大切な場所ですし、「要点」といえば大切なポイントです。では、「義」はどういう意味でしょう？この漢字にはいろんな意味がありますが、「意義・字義」というように、「（主に言葉などの）意味」という意味になります。「一義的」なんて言ったりもしますよね。

ということは、**「要義」は、「大切」＋「意味」で、「大切な意味」ということだと仮説を持つ**ことができますよね。実際にその通りで、「要義」＝「物事の根本になることわり」のことを示します。

第3章 仮説を立てよう！

例2 「detach」ってどういう意味？

detach という英単語があります。この英単語の意味を知っていますか？ おそらく、知らない人が大半でしょう。この単語は単語帳ではなかなか見かけないものです。しかし、「detach」と書いてあった時に、自分が「わかる」ように「分けて」意味を推測することができるはずです。

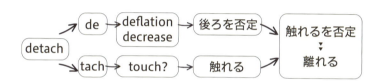

「de」は、マイナスの意味を持つ言葉だというのはなんとなくわかる人が多いのではないでしょうか？ deflation（デフレ）や decrease（減少する）、というような言葉を連想できるはずです。ということは、detach の意味は、後ろの言葉（tach）を否定するような意味になりそうですよね。

では、tach はどうでしょうか？ 似たような言葉を知りませんか？ そうですね、tach は touch（タッチ）と読むことができますから、これが変化したものではないか？ と考えることができるはずです。そう考えれば、detach はどういう意味なんでしょう？ 触れる、の反対、と考えると、「離れる」だと推測できますよね？ わからない単語であっても、**自分が「わかる」部分を駆使すれば、このように推測できます。**

例3 「江戸時代」から「明治時代」にかけて、平均身長が伸びたのはなぜか？

　現在、日本人男性の平均身長は170cm程度、女性であれば160cm程度と言われていますが、江戸時代の平均身長は男性は155cm程度、女性は148cm程度だったそうです。

　ところが明治時代に入ってから、男性は165cm程度、女性は155cm程度まで伸びたと言われています。ということは、江戸時代から明治時代にかけて、なんと10cmも伸びているのです。先ほどと同じように、問いを分解して理由を考えてみましょう。

　まず、「平均身長が伸びた」とあるわけですが、「人間の身長はどうすれば伸びるのか？」というものが出てくると思います。

　次に、「江戸時代」と「明治時代」という2つの時代が登場しました。ですので、「江戸時代に平均身長が低かった理由は？」という問いと、「明治時代に平均身長が伸びた理由は？」という2つの問いに分解することができますよね。

　そして、**総合すると、次の3つの問いに分解することができるわけですね。**

第3章　仮説を立てよう！

「江戸時代」から「明治時代」にかけて平均身長が伸びたのはなぜか？
　→ ① 人間の身長はどうすれば伸びるのか？
　→ ② 江戸時代に平均身長が低かった理由は？
　→ ③ 明治時代に平均身長が伸びた理由は？

さて、この中で一番考えやすそうなのは、①の **「人間の身長はどうすれば伸びるのか？」** ですね。どうすれば人間の身長が伸びるのでしょうか？

- 睡眠をしっかり取る
- 食事をバランスのいいものにする
- 動物性タンパク質を摂る
- カルシウムを摂る

実際にはたくさんの要因が絡んでいるので一概には言えませんが、代表的なものとして考えられるのは、このような理由でしょうか。
そして、そう考えると明治時代にはこのうちのどれかが改善されたのだと考えることができますよね。
睡眠時間が大きく増えたとは考えづらいですから、食事に関係する何かがあったのではないか、と推測するのが自然ですね。
それでは、次に江戸時代と明治時代の食事について調べてみましょう。

江戸時代と明治時代の食事について調べると、②の「江戸時代に平均身長が低かった理由は？」、③の「明治時代に平均身長が伸びた理由は？」の答えが見えてきます。

江戸時代／『日ごとの心得』畑 銀鶏 編著
（写真提供：東京大学総合図書館）

明治時代／『牛店雑談／安愚楽鍋 三編』
仮名垣魯文著 河鍋暁斎 画
（写真提供：国文学研究資料館）

　これは江戸時代と明治時代の食事の様子を表した絵です。明治時代の絵は、「牛鍋」と呼ばれるものを食べているところです。

　でも、江戸時代にはお肉が食卓に上がることはほとんどありませんでした。日本には牛も馬もいたのに、**なぜ江戸時代にはお肉を食べていなかったのでしょうか？**

　実は、江戸時代まで肉食は禁忌とされていました。その理由は、ある宗教の影響なのですが、それはなんだと思いますか？

　日本に古くからある、**仏教**ですね。仏教には生き物を殺してはいけないという教えがあり、そこから肉食をしない文化が広まったのです。ですから、表立って肉を食べることは禁止されていました。それが、江戸時代に平均身長が低かった理由です。

　それに対して、明治時代はどうでしょう？　明治時代には、キリスト教や西洋文化を取り入れた文明開化が起こりました。鎖国が解かれ、いろいろな外国の食材や料理も流入し、洋食風のレストランもできて、都市部を中心に肉食が広まっていったのです。これが明治時代に平均身長が伸びた理由だと考えられます。

第 3 章　仮説を立てよう！

　さて、分解した 3 つの問いの答えがそれぞれ出たところで、整理してみましょう！

> ① 人間の身長はどうすれば伸びるのか？
> → 人間の身長は、食事で動物性タンパク質を摂ることで伸びる。

> ② 江戸時代に平均身長が低かった理由は？
> → 江戸時代には仏教の影響で肉食が禁止されていた。

> ③ 明治時代に平均身長が伸びた理由は？
> → 明治時代には肉食が解禁され、多くの人が肉を食べるようになり、動物性タンパク質を摂る量が増えた。

　まとめると「江戸時代から明治時代にかけて、平均身長が伸びたのはなぜか」という問いの答えは次のようになります。

> 江戸時代には仏教の影響で肉食が禁止されていたが、明治時代には肉食が解禁され、多くの人が肉を食べることになり、身長を伸ばす上で重要な動物性タンパク質を摂ることになったから。

　いかがでしょう？　このように、分解することによって問いへの仮説が立てやすくなるわけです。ぜひ、この方法を使ってみてください。

step2 過去を調べてみる

　みなさんは、川の近くに行ったことがありますか？　僕は川が
とても好きで、個人的によく遊びに行くのですが、なかなか面白
いんですよね。

　毎日行っていると、川の姿が変わることに気がつきます。濁っ
ている日もあれば、澄みわたっている日もあるし、石や岩が多い
日もあれば、魚が多い日もある。でも、なぜ姿が変わるかという
のは、僕たちが見ている部分だけでは説明できません。なぜなら
ば、川には上流と下流があるからです。

　川は上流から流れています。上流で雨が降ったり、天気が荒れ
ていれば、下流も荒れてしまいます。逆に、上流の天気が良けれ
ば、下流の川もきれいに澄みわたるのです。だから僕たちが、そ
の川を理解しようと思うなら、下流だけでなく上流を考えなけれ
ばならないのです。

　**すべての物事は「下流」で、物事の裏には「上流」が隠れてい
る**と思います。すべてのことに背景や前提が存在しています。そ
して、物事の仮説を立てるときに重要なのは、「上流」がどうなっ
ているのかを把握することです。

　その事象や、その事象に関わる過去の話を調べることで、物事
はよく理解できるようになるのです。

第3章　仮説を立てよう！

例1「タピオカミルクティー」が流行った理由

　タピオカミルクティーを飲んだことがありますか？　一世を風靡して、今では専門店もあるほど定番ドリンクの一つになっていますよね。
　なぜ、タピオカミルクティーは流行ったのでしょうか？　仮説を立ててみましょう。

「その事象に関係する過去の出来事を調べると、物事をよく理解できる」と前述したように、タピオカの歴史や、流行ったデザートについて調べてみましょう。

　タピオカの歴史を遡ると大きく3回のブームがありました。第1次は1992年頃で、エスニックブームの影響によるものでした。第2次は諸説ありますが、2013年頃で、タピオカミルクティー発祥の店とされる台湾発の「春水堂（チュンスイタン）」が日本に上陸し、市場が拡大しました。第3次は2018年頃で、LCC渡航により若者が海外に行きやすくなり、台湾ブームが加速したことで、台湾フードブームが起こったことが要因と言えます。

　さらにタピオカ以外の流行ったデザートを調べてみると、2015年頃はマンゴーかき氷が流行っていたことがわかりました。さらにその前の1993年頃にはナタデココが流行していたのだとか。

　これらの事実に共通するのは、どれも**アジアで流行していて、それが日本に流入したということです**。アジアのスイーツが日本でブームになることは、以前から何度もあって、タピオカミルクティーにも同じ流れあったのでは？　と仮説を立てられます。

例2「ペットボトル」が無色透明な理由

ペットボトルは、ほとんどどれも無色透明ですよね？　なぜでしょうか？

　ペットボトルはいつから色がついていたのか、過去を探ってみましょう。
　日本においては、1977年にしょうゆ容器として採用されたのがペットボトルの始まりで、30〜40年くらい前までは色がついていたそうです。ということは、30〜40年前から行われるようになったことが理由で、無色透明になったのではないかと仮説が立てられるわけです。それは何だと思いますか？

　それは、「リサイクル」です。ペットボトル本体に色をつけると、リサイクルする際にそのインクの成分が混じってしまいます。すると、リサイクルが若干難しくなってしまうんですね。
　ですから、リサイクルをするようになって、ペットボトル本体は無色透明にし、ラベルをつけるようになったのではないかという仮説を立てることができます。

　この他にもペットボトル1つでさまざまな問いを立てることができます。「飲料によって形状が異なっているのはなぜか？」「容量が500mlがメインなのはなぜか？」など、考えてみると面白いかもしれません。

第3章 仮説を立てよう！

例3「ウクライナ戦争」はどうすれば終わる？

　　ウクライナ戦争が始まって早くも2年が経ちました（2024年時点）。多数の死傷者が出ており、いまだ終戦の兆しが見えません。戦争のような大きな問題は、どのような考え方をすればいいでしょうか？

　過去と今を比べることで、仮説を考えることができるようになります。もっと言えば、これは「未来」のことを考える上でも重要になってきます。

　仮に「どうすればウクライナの戦争は終わるのだろうか？」と未来のことを想像する問いを立てたとします。その際に、過去の戦争が、戦争の終わり方の参考になると思いませんか？
　「昔、ロシアと日本は戦争していたけれど、停戦することができた。では、どうして戦争を終わらせることができたんだろう？」と考えていくと、これからの戦争について予想することもできるかもしれません。

　このように、**過去を知ることで、未来の「なぜ」に対する仮説を持てるようになる**わけです。

\やってみよう！/

第3章では「仮説を立てる」について学んできました。「問いを分解する」「過去を調べてみる」の2つの方法を用いながら、実際に問いにチャレンジしてみましょう！

Q1

コロナ禍を機に「リモートワーク」が定着しましたが、「リモート」とは、どのような意味なのでしょうか？ 「モート」＝「動く」をヒントにして、考えてみましょう！

　リモートは、「遠い」「遠く離れた」という意味です。「動く」という意味の mote に、「後ろへ・離れて」という意味の re がついて、「離れた状態からの関係」のことを指すようになりました。

　すなわち、リモートワークは「離れた状態で仕事をする」ことになります。それぞれが自宅や会社外にいながら、オンラインで会議をしたり、仕事を進めたりするということですね。

第3章 仮説を立てよう！

Q2

陸上競技で走る道のことを「トラック」と呼びますが、どのような意味なのでしょうか？ 僕たちがよく知る車の「トラック」と関係あるのでしょうか？

　　　　　　　　　trackは、ラテン語のtrahere「引く、引きずる」
　　　　　　　　が語源になっています。
　　　　　　　　　何かを引っ張ると、そこには引っ張った跡ができますよね。そうすると、その跡で道ができます。だからtrackは「足跡、形跡」や「道」というような意味を持ちます。

　そしてこのことから派生して、わだちや陸上の競走路などの、いわゆる「道」も指すようになったのです。

　また、日本語で言う「トラック」は貨物自動車全般を指します。貨物自動車は荷物を運ぶ車を意味します。その「運ぶ」というのが、trackの「引っ張る」というイメージとつながって、貨物自動車のことも「トラック」と呼ぶようになったのです。

— 77 —

Q3

「新宿」や「原宿」のように、宿がたくさんあるわけではないのに、「宿」という漢字が入っている地名が多いのは、どうしてだろう？

　徒歩や馬での移動が多かった江戸時代に、街道沿いに宿駅が置かれた場所のことを「宿場町」といいました。そこを中心に交通量や流通が活性化した時の名残だと言われています。今でいう「駅」のイメージですね。そのため、「宿」という地名があるところの近くは、歓楽街が多いそうです。

　「宿」以外にも、地名が歴史や地理と関係している場所は数多くあります。

　例えば「落合」という地名は全国各地にあります。その地域の地図をみてみると分かるのですが、ほとんどが川と川が合流する（落ち合う）場所に位置しています。川の合流点に由来する自然地名ということですね。

　ぜひ、身近な地域の地名の由来を調べてみてください。新しい発見や、意外な共通点が見つかるかもしれません。

第3章　仮説を立てよう！

Q4
「ロカボチョコ」「ロカボナッツ」「ロカボヌードル」など、ゆるやかな糖質コントロールができることで、ダイエット時の間食に人気がある「ロカボ」の意味は？

　ロカボの意味を考えるとき、何かの略称ではないか？　という仮説を立てることができます。カロリーが低いというイメージがあるから「ロカボ」の「ロ」は「low」かな？　など単語を分解していくといいですね。

　正解は「low carbohydrate」の略称です。low とは低いという意味で、carbohydrate は炭水化物を示します。炭水化物は糖質と食物繊維のことなので、この割合が低め（適正）な食べ物ということになります。

　ロカボのように、略称が正式名称として使われている単語は、他にも数多くあります。例えば「食パン」は「主食用パン」、「ワイシャツ」は「ホワイトシャツ」、「電卓」は「電子式卓上計算器」が正式名称です。
　当たり前に使っている単語が、じつは略称かもしれない!?という視点で、問いを立て、仮説を立ててみると面白いかもしれません。

Q5
ガラケーなど、昔の携帯電話で撮った写真の画質が粗いのはなぜなのか？

　小さいころの写真をみると画質が粗いと感じることはありませんか？　これはなぜなのか、仮説を立ててみましょう。「機械が古いから」というのはイージーアンサーです。ガラケーなどの古い携帯電話にできなくて、iPhoneなどのスマートフォンにできることは何か？　このように問いを分解していくと答えを導き出すことができます。

　画質が粗いとは、つまり画素数が少ないということです。1枚の写真を10個の四角形で表現した場合と、100個の四角形で表現した場合、後者の方がより細かい表現ができますよね？

　このように、「1枚の画像に使われている四角形の数＝画素数が多いと画質がよくなる」という意味になります。画素数が多いほど、機械が認識する情報量が多くなるので、それだけ処理能力が高く、容量が多い必要があります。

　そのため、ガラケーや古い機種では、大量の画素数を処理する能力がまだ技術的になかったり、容量を保つのに手のひらサイズの機種だとメモリーが用意できないといった状況がありました。

　つまり、昔の携帯で撮った写真の画質が粗くなるのは「数多くの画素数を処理する能力や容量が、まだなかったから」という答えを導き出すことができます。

第3章 仮説を立てよう！

MEMO

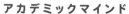

事実と意見を分ける練習

　講義では、講師がお題を出して「事実」と「意見」を分ける練習をしていきます。

　例えば、「"橋本講師は背が高い"は事実だと思う人！」のようなシンプルな質問を投げかけ、生徒の皆さんに回答してもらいます。「高いと思う！」「高いのかな？　よくわからないね」といったさまざまな意見が教室内に飛び交います。

コラムその2

　次に「橋本講師は"日本の平均身長より背が高い"ならどうですか？」ともう一度生徒に考えをたずねると、「事実」だという人が増えました。

　「事実と意見」を見分ける際にポイントになってくることは、「事実」には具体的な数字や何かとの比較など、客観的な言葉が入るということです。

　この場合は「日本の平均身長」という比較対象が入っていることがポイントになります。

　一方「意見」には、個人の感想が反映されているので、そう思う人もいれば、そう思わない人もいて、主観的な言葉が入っています。

　より深い仮説を立てるためには「事実と意見」をしっかり見分けることが重要です。

― 83 ―

第4章

仮説の検証をしよう！

問いを立てる ▶ 仮説を立てる ▶ **検証をする**（いまココ！）▶ 練習をする

第4章でお話しするのは、「仮説の検証をする」です。
ここまでで「問いを立てる」「仮説を立てる」ということについてお話ししました。最後の検証について話す前に、有名なジョークについてみなさんに共有したいと思います。

　昔、天文学者と物理学者と数学者が、ブリテン島のスコットランドで休暇を過ごしていました。ふと列車の窓から外を眺めていると、平原の真ん中に、黒い羊がいるのが見えました。
　それについて、それぞれの学者は考察をします。

天文学者　「スコットランドの羊は、**みんな真っ黒**なんだね」
物理学者　「スコットランドの羊のうち、**何匹かは黒い**んだね」
数学者　「スコットランドには、**少なくとも1つの平原が存在し、そこに1匹の羊が居て、こっちから見える片面が黒い**ということがわかるだけだ」

— 84 —

第4章　仮説の検証をしよう！

　数学的に考えれば、「確認していないことはわからない」のです。窓から黒い羊が見えたからといって、両面が黒いとは限らないわけです。検証というのは、こんなふうに「物事を正しく理解していく」という行為です。**仮説に対して、自分だけでなく、他の人にも正しいと言ってもらえるようにしていく**必要があるわけです。

　さて、この検証についてお話しするために、1つみなさんに知っておいてほしいことがあります。それは、**「事実と意見の違い」**です。

　「fact＝事実」と、「opinion＝意見」は、まるっきり別のものです。

　事実とは、誰の目から見ても明らかなデータのことです。それ自体には何の色もなく、ただの数字でしかないもののことを指します。これは客観的なもので、主観的なものではありません。

　対して**意見は、その事実から一歩進んで、問題と直接的に結びつき、「それを実行すれば問題が解決する！」というもの**です。こちらは主観的なもので、客観的ではありません。

　これを混同してしまっている人はアウトです。何か一つの事実を見て、それに勝手な解釈を加えた自分の意見を、さも「明らかにそういうデータがある」というように面接などで語ってしまうと、その時点で印象は最悪なのです。

　なぜならそれは、アカデミックの世界では一番やってはいけないことだからです。そのような論文を書いてはいけない、というのは、多くの大学の小論文の講座やレポートを書く際、一番初めに習うことだったりします。

— 85 —

２ちゃんねるの創設者、ひろゆきこと、西村博之氏はある番組で「それってあなたの感想ですよね」とコメントし、この言葉が若者の間で流行しました。ひろゆき氏の指摘の通り「感想」であるにもかかわらず「事実」と混同して話をしてしまう人が多いのです。

　では、次の４つの文を見てください。

> **① 家に早く帰ることは重要だ**
> **② この都市の安全性は減少傾向にある**
> **③ この都市は電気を節約しなければならない**
> **④ 最近この勉強スペースは頻繁に空いている**

　これは、共通テストの英語（2022年第２問10番と2021年第１問12番）の選択肢を参考に日本語に直し、一部改変して作ったものです。**この中で事実を述べているのはどれでしょうか？**ひとつずつ、検証していきましょう。

> **① 家に早く帰ることは重要だ**

　まず、①は意見ですね。**見るポイントは「重要」という単語**です。これは、事実ではありません。それこそ、「これが重要だという事実がある」と言っている人がいたら、「それってあなたの感想ですよね」と返せるでしょう。何度も言いますが、事実は「客観的」でなければなりません。ひろゆき氏はこの発言の後、「なんかそういうデータとかあるんですか？」と言いました。**「データ」は客観的で、「重要」は主観的**というわけです。

第4章　仮説の検証をしよう！

②この都市の安全性は減少傾向にある

　②は「減っている」という言葉が書いてありますが、「減っている」というのはデータの言葉です。**「増えている」「減っている」「小さくなっている」「大きくなっている」というデータを語る言葉**が入っているのであれば、「事実」として機能する可能性が高いわけですね。

③ この都市は電気を節約しなければならない

　③は「しなければならない」ですが、これも間違いの可能性が高い選択肢です。「しなければならない」は、客観的なデータというよりも主観的ですよね。
　とはいえ、この時点ではこの選択肢を切れません。「市からそういう要請が来ている」というような文があったら「事実」になります。逆に「私はそう考えている」と書かれているなら、ただの意見ですね。だからこの場合は③も、「怪しいけど、もしかしたら正解かも？」という選択肢になります。

④ 最近この勉強スペースは頻繁に空いている

　④は事実というには情報不足です。なぜなら、「頻繁に」と書いてありますよね。みなさんは、「頻繁」とは、どれくらいの頻度を想定しますか？　もしかしたら1週間ずっとガラガラな状態かもしれません。または「空いている」ですから「ほとんどの日で、1席くらいは空きがある」という話なのかもしれません。

このように、**人によって解釈が変わる言葉は、事実にはなり得ない**のです。これは、ぜひ覚えておいてください。

● データがあれば事実証明できているわけではない

ただ、数字やデータの話であればすべて事実であるかというと、そういうことではありません。

例えば「A君は身長が高い」と言ったら、それは事実ではありません。先ほどの「頻繁に」と同じで、これは客観性がなくて解釈が分かれます。

アメリカのフットボールチームにおいては、180cmでも身長が「低い」方かもしれませんし、日本の12歳の男の子においての話であれば、150cmでも身長が「高い」方かもしれませんよね。

「A君は、B君より身長が高い」のように、**比較対象がある場合は「事実」**になります。「高い」「低い」などの形容詞、「頻繁に」「たまに」などの副詞だけでは、事実かどうかは判断できないのです。

このように、その言葉が本当に事実なのか、それとも事実ではない主観的な意見なのか、しっかりと明確に見抜く目を持っておかなければなりません。その目を持っておけば、より仮説を検証することができるようになっていきます。

第4章　仮説の検証をしよう！

例1　ひと晩おいたカレーはなぜおいしいのか？

　例えば、「ひと晩おいたカレーはなぜおいしいのか？」という問いがあったとします。

　でもこの中で、事実ではないポイントがありますよね？　それは「おいしい」です。おいしいかどうかは、感想でしかありません。これを事実にするためには、この**「おいしい」を具体化**しなければならないのです。

　いろいろ調べてみると、ひと晩おいたカレーは、作りたてのものよりも粘性が増しているそうです。ちょっととろみがついているわけですね。

　すると、「ひと晩おいたカレーは、なぜ粘性が増しているのか？」という問いに変換することができます。これなら問いの答えが出しやすいですよね。「粘性が増す原因」を探ればいいわけです。

　そうすると、カレーの具として入っているじゃがいものデンプンが粘性を増す原因となることがわかってきます。

ひと晩おいたカレーはなぜおいしいのか？
『おいしい』を具体化する

→ 甘くなる？　辛くなる？
→ まろやかになる？　とろみが出る？
→ 「とろみ」＝「粘性が増す」

「**粘性が増す**」のはなぜか？ という問いに**変換する**
問い：ひと晩おいたカレーは、なぜ粘性が増す？
　→ カレーの具に入っているじゃがいものデンプンが粘性を増す原因になっているから。

　さらに「ひと晩おく」とは、具体的にどういう状態を指すのか考えましょう。何時間おくのか？　おく時間帯は夜なのか？　昼なのか？　など数字に置き換えていきます。仮にこれが 10 時間だった場合、「**10 時間以上放置したカレーは、じゃがいものデンプンが溶け出して、粘性が増しているから、おいしく感じる場合が多い**」という答えを出すことができるわけですね。

　もちろん、このような回答で満足しなくても大丈夫です。「なぜ、じゃがいものデンプンが、粘性を上げるんだろう？」と考えて、また問いを深掘りしても問題ありません。

　ともかく、**問いも仮説も「事実」に変換して考えていく必要がある**わけですね。例えば、このような変換です。

問い：なぜ、関東地方に人口が多いのか？
「**多い**」を**具体化する**
　→ なぜ、関東地方は 7 地方の中で一番人口が多いのか？

問い：なぜ、風が吹くと音が鳴るのか？
「**鳴る**」を**具体化する**
　→ なぜ、風が吹くと鼓膜が震えるのか？

第4章 仮説の検証をしよう！

  Aさんは頭がいい！

「○○さんは頭がいいよね！」という会話を一度はしたことがあるのではないでしょうか？ この「頭がいい」というのはどういう状態を示すのか、それによって事実なのか、意見なのか、はたまたイメージなのかが変わってきます。

この事象を検証していくためには**「頭がいい」ということを具体化**していく必要があります。

「頭がいい」とは具体的にどういう状況を指すのか？
「頭がいい」を具体化する

→ 偏差値の高い学校に通っているのか？
→ テストの点数がいいのか？
→ 言われたことをすぐ覚えたり、実践できるのか？
→ 効率よく行動ができるのか？
→ 機転がきいて、物事にうまく対処できるのか？

このように「頭がいい」という単語1つだけでも、さまざまなパターンが考えられます。偏差値やテストの点数など、データ化できるものなら、その数値が平均より高いか低いかなどで判断するのか、何かの教科に特化していることを評価するのかなど、評価軸によっても変わります。一方数値化できない行動に関しては、Aさんの行動によって回避された出来事を考えたり、Aさん以外の人の行動と比較すると、その是非を判断できそうですね。

検証方法を学ぼう！

さて、次は検証方法を学んでいきたいと思います。問いを考え、自分が立てた仮説が正しいのか検証するための2つの方法を紹介していきます。

検証していく過程で、一度立てた仮説が崩れてしまった場合は、諦めずに、崩れた原因や理由を元にもう一度仮説を立てて、検証するという流れを繰り返していくことが大切です。

これから始める2つのステップ

step1　　言葉の定義を考える

step2　　エビデンス（証拠）を探す！

では、早速始めていきましょう！　例題を用いながら説明していくので、一緒に考えながら読み進めてみてください。

第4章 仮説の検証をしよう！

step1 言葉の定義を考える

　先ほどから登場しているように、「事実」の言葉と、「意見」の言葉というのは違います。仮説を立てた先では、みなさんはその仮説に対して**「ただの意見になっていないかどうか」を考える必要があるわけですね。**

例1「新宿駅」の乗降客数

　例えば、**「新宿駅が、世界一乗降客数の多い駅なのはなぜか？」**という問いを考えてみましょう。東京の新宿駅は、ギネスブックにも載っている、有名な駅です。この駅が世界一乗降客数の多い理由を一緒に考えてみましょう。

え〜と。単純に、日本の人口が多いからじゃないですか？

その答えではイージーアンサーですねぇ。ここでもやはり大切なのは、「**事実**」と「**意見**」です。「人口が多い」という言葉は、物事を深く考える上ではあまり適切なものではありません。

− 93 −

なぜならそれは「意見」だからです。
「多い」というのは、「意見」です。例えば、「多くの人が」と僕が言ったときに、「100人くらい」を想像する人もいれば、「2～3人くらい」でも「多くの人」だと考える人もいるでしょう。解釈が分かれるということは、事実ではないですよね。

ではこれを、次のように「事実」に変換してみましょう。

「日本の人口が多い」を「事実」に変換
 → 「多い」を具体化する
 → 日本は、世界で10番目に人口が多い

あれ？ 日本よりも人口が多い国があるのに、なぜ世界一乗客数の多い駅が日本にあるんだろう？

いいところに気がつきました！
ここまで来れば、もっと深く考えることができるようになりますよね。この問題を解く上で鍵となるのは、「乗降客数」という言葉です。

第4章 仮説の検証をしよう！

では、早速考えていきましょう！
乗降客数は、なんの数を示していると思いますか？

普通に考えると、「**新宿駅を使っている、乗り降りしている人の数**」という意味ですよね。

では、どういうタイミングでカウントされた数字のことを「乗降客数」と言っているのでしょうか？

う〜ん。「新宿駅の改札口を通ったタイミング」ですかね？

その通りです！
何度も言いますが、事実は客観的でなければなりません。
なんとなくこの問題を、「新宿駅を使っている人の数が多い」と考えていると、答えにはたどり着けないのです。

乗降客数の定義を調べてみると、これは「**改札を通る人の数**」だそうです。ということは、新宿駅に買い物にきたお客さんが駅で降りたら1回で、帰るために乗ったらまたもう1回カウントされるわけですね。ですから純粋に「利用者の数」とは違うわけです。もっと言うなら、「**その駅は使わないけれど、改札は通る**」ということはありますよね。

たしかに！
JR線から地下鉄や私鉄に乗り換える時も、改札を通っています。

ここまで来れば答えまであと一息です！
次の乗り換えの具体的な例をもとに、考えてみましょう。

◯ 乗り換えの具体例

京王八王子駅から京王線とJR中央線を使って
JR御茶ノ水駅まで移動する場合

第4章 仮説の検証をしよう!

| 京王八王子駅 |——————| 京王新宿駅 |
京王線に乗って、京王新宿駅に行く

| 京王新宿駅 |——————| JR新宿駅 |
京王線の改札を出て、JR線に向かい、JR新宿駅の改札に入る

| JR新宿駅 |══════| JR御茶ノ水駅 |
JR中央線のホームに移動して、JR御茶ノ水駅に向かう

新宿駅での滞在時間は5分足らずかもしれませんが、それでも2回、新宿の改札を使っているわけです。要するに、乗り換えをすると乗降客数は多くなるのです。

なるほど! JR各線、京王線、小田急線、丸ノ内線、都営新宿線、都営大江戸線など、**様々な鉄道や地下鉄の結節点**になっており、乗り換えが多いですよね。

そうですね。さらに「新宿駅」という言葉にも定義を問うてみましょう。「新宿に集合!」と言われたとき、「新宿駅」「新宿三丁目駅」「新線新宿駅」など行き方が複数あります。「新宿」が付いている駅は10個以上あるので、乗り換えが多いのも納得ですよね。

例2「イギリス発祥のスポーツ」

イギリスという国は、サッカー・テニス・卓球・ボクシング・スキーなど、多くのメジャースポーツの発祥地です。これはなぜだと思いますか？
ここでもヒントは、「言葉の定義」です。

みなさん、「発祥」とはなんですか？　どういう意味なんでしょう？「始まったところ」という意味でしょうか？

はるか昔、それこそ古代ギリシャなどでは、人を殴って倒す、ボクシングに似たようなものが行われていたかもしれません。しかし、「ボクシング」という名前をつけて、ルールを作って、スポーツとして定義したのはイギリスでした。ここでは **「ルールを作って定義する」** ということが **「発祥」** なのですね。

● **もう一つの理由：「覇権国家」イギリス**

もう一つ理由があります。あなたがルールを決めて新しくスポーツを作ったとしても、それはあなたしか知りません。でも、イギリスは、ルールを決めて作ったスポーツを広めることができました。世界史で習ったように、イギリスは一時「覇権国家」と呼ばれ、世界を席巻していたからですね。だから、さまざまなスポーツの「発祥地」となっているのです。

ちなみに、テニスの原案ができたのはフランスだと言われています。でもそのルールを決めてスポーツとして確立させたのがイギリスなので、テニスの発祥の地はイギリスだと言われています。**このように言葉の定義を探っていくと、仮説の検証ができるようになっていきます。ぜひ試してみてください！**

step2 エビデンス（証拠）を探す

　次は、きちんと **「エビデンス＝証拠」を用意して話す**について
お話しします。

　前述しましたが、「A君はかっこいい！」「Bちゃんは可愛い！」
はただの意見でしかありません。

　「A君はなぜモテるのか？」「A君がかっこいいから！」と言っ
ても、それは仮説としては不十分です。でも、間違っているわけ
でもありません。仮説を検証するということは、本当に「A君は
かっこいい！」が事実なのか、考えなければなりません。

　大学では、何か自分の仮説を表明するときには、**客観的なデー
タや、そう思うに至った証拠を明確にする**必要があります。

　この場合だと、「日本人300人にアンケートを取って、A君は
かっこいいと答える人が89％でした！」とデータを集めなけれ
ばなりません。それも、できるならば、A君と他の人との比較も
必要です。

　「B君がかっこいいと答える人は76％で、C君がかっこいいと
答える人は69％なので、A君は他の人に比べてかっこいいと考
える人の割合が多いです！」と言えるのであれば、事実になって
いくと思います。

◯ 当たり前という固定観念をなくす

　大学で勉強していると、先生から「え!?　そこでつっこむん
ですか!?」というポイントを指摘されることがあります。

第4章　仮説の検証をしよう！

　僕の経験で言うと、「昨今の国際情勢って、悪化しているじゃ
ないですか。それで……」というような話をした時、よく先生か
らつっこまれました。

　「なぜ、そう思うのかな？」「本当に、昨今の国際情勢って、悪
化しているのかい？」というように、前提として話していたこと
や、自分が当たり前だと思っていたことにつっこまれることが、
結構あるのです。

　「ネットによる凶悪犯罪が増えています」と言ったら、「そのソー
スは？」と聞かれたり、「女性の権利の拡大が重要じゃないです
か？」と意見したら、「どうしてそう言えるのか教えてくれない
かい？」と返されたり。

　「当たり前」だと思っていることが、実は「当たり前」ではな
いことが結構あるんですよね。もちろん、これらの意見が間違っ
ているわけではありません。

　でも、**証拠を持って話しているのか、「当たり前だ」と思い込
んでしまっていないか**、と考えることがアカデミックの分野では
必要なのです。

例1「少子高齢化」の問題

　テレビやネットニュースで、少子高齢化についての話題を聞くことがあります。この「少子高齢化」とは、いったい何が問題なのかわかりますか？

　右図の日本の人口ピラミッドの変遷をみてみましょう。50年ごとの変遷を示しており、ピラミッド型から壺型の分布図になっています。このように少子高齢化とは、子供が少なくなって高齢者が増える現象のことです。ですが、この現象自体は問題ではありませんよね。**これは、ただの現象**です。

　例えば、子供が減ってしまうと、将来的に日本の労働人口も減って、経済的な成長が見込めなくなるから問題となるわけで、少子高齢化自体は別に問題ではないのです。

　そして、「少子高齢化という問題が……」と聞いて、皆それぞれが別のことを考えているかもしれません。「労働人口の減少」を思い浮かべる人もいれば、「経済が成長しないこと」を考える人、もっと違う問題を思い浮かべる人もいるかもしれません。先ほどから何度も言っている通り、「意見が分かれること」は事実ではないのです。

第4章 仮説の検証をしよう！

日本の人口ピラミッド

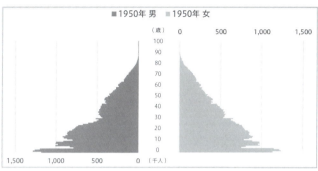

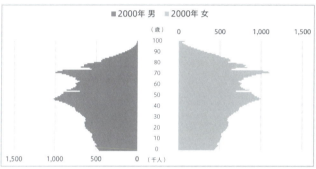

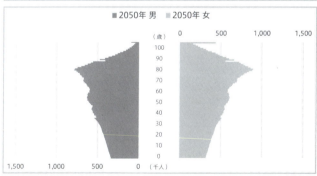

「日本の将来推計人口（平成29年推計）」（国立社会保障・人口問題研究所）
（https://www.ipss.go.jp/pp-zenkoku/j/zenkoku2017/pp_zenkoku2017.asp）を元に作成

例2「中国」はなぜ大豆を大量消費するのか？

　中国は、世界で1番、大豆を消費する国として知られています。世界で4番目に大豆の生産量が多い国であるにもかかわらず、ブラジルやアルゼンチンから莫大な量の大豆を輸入しています。さらに、なんとこの20年間で5倍も消費量が増えていることがわかっています。

「うーん、中国人が大豆を好んで食べるのかな。でも、中華料理に大豆を使った料理ってどんなのがあったっけ……？」
　というような仮説を考えても、この問題の答えは見えてきません。この問題と自分の仮説を疑ってみましょう。事実はどれで、意見はどれでしょうか？

「中国は、世界で1番、大豆を消費する」

これは事実ですね。

「中国人は、世界で1番、大豆を食べる」

　これは、事実でしょうか？　エビデンス（証拠）はあるでしょうか？　どこにもそんなことは書かれていませんよね。これは事実ではありません。中国人は、世界で1番大豆を食べるわけではないのです。

第4章　仮説の検証をしよう！

> **「中国は、世界で1番、大豆を消費するけれど、
> 中国人が食べているわけではない」**

　そう考えると「中国は食べる以外の方法で、大豆を消費している」と考えることができます。では、大豆は他にどんな使い方をするのでしょうか？

　正解は、「飼料用として、家畜に食べさせている」です。中国は食肉の需要がどんどん増えていて、多くの人が豚肉を好んで食べます。中華料理は、肉を使った料理が多いですよね。青椒肉絲（チンジャオロース）、回鍋肉（ホイコーロー）、酢豚など、すぐに思いつきます。
　そして、その肉を育てるための餌として、大豆の需要が高いのです。国内の生産だけでは足りないから、輸入して食べさせているんですね。

　いかがでしょうか？
　「疑ってみる」「証拠を探す」ことで、問題の答えが見えてくるのです。先ほどの「言葉の定義を考える」も、そうですよね。言葉がどんな意味なのか、自分が思っている言葉の定義と同じなのかどうかを疑うことで、答えが見えてきたわけです。
　検証とは、疑うことです。「これは本当に事実だろうか？」と考えてみること。これがうまくできれば、問題の答えは見えてくるはずです。

\やってみよう！/

第4章では「仮説の検証方法」を学びました。言葉の定義を考える・エビデンスを探すの2つの方法を使って、練習問題に取り組んでみましょう！　エビデンスを探す際は、インターネットや本で調べてもOKです！

Q1

**物事が終わる時に「けりをつける」という言葉を使うことがありますよね。
この「けり」とは一体どういう意味なのか、みなさんは知っていますか？**

　「けり」＝「蹴り」だと思っている人が多いと思うのですが、調べてみると実は違うんです！
　古典を勉強したことがある人なら、助動詞で「けり」という言葉があるのは知っていますよね？

　昔の日本では、「なりにけり」のように、言葉の終わりに「けり」をつけることで**「文の終わり」**を示しました。だから今でもその名残で「けり」＝「決着」という意味で使われているのです。

第4章　仮説の検証をしよう！

> **Q2**
>
> 奈良県は、令和4年度の全国の靴下生産量1位の座に輝いています。年間5500万足余りと日本一を誇り、全国シェアのおよそ60％を占めています。この理由は何でしょう？

　奈良県といえば、鹿や東大寺などのイメージが強いのではないでしょうか？

　奈良県を地図でみてみると「盆地」になっています。また、降水量が少ない地域です。そのため、十分な量の米が生産できず、収入を他のもので担うために、安土桃山時代から始まったのが**木綿の栽培**です。

　しかし、明治時代に入ってから、海外との貿易がさかんになったことで、質の高い綿織物の輸入が増加し、奈良県の木綿栽培は廃れてしまいました。そこで木綿や羊毛の繊維から布や糸を作り出す工場をつくり、紡績を始めたのです。

　中でも、明治42年に導入された靴下製造業が、農民の副業に適していました。なぜなら比較的小資本で、また農家の納屋を改造することでできる仕事だったからです。このことが現在の靴下生産量の多さに結びついています。

探究型思考力 育成講座
アカデミックマインド
（コラム その3）

適切に検証するための実験内容を考える

　仮説を検証する方法はさまざまありますが、講義では実際に手を動かして仮説を検証していきます。
　例えば、「長く回るコマを作るにはどうしたらいいか？」というお題を出し、まずは生徒のみなさんに仮説を立ててもらいます。

　「重心の位置を変える」「金属や木材など材質を変える」「軸を安定させる」など各生徒が出した仮説に沿って、検証方法を考えていきます。

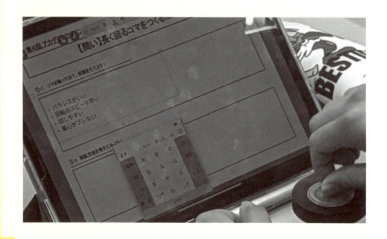

コラムその3

　「重心の位置を変えると長く回るコマを作れる」と考えた班は、重心の違う複数のコマを用意して回すことを提案し、「金属や木材など材質を変えると長く回るコマを作れる」と考えた班は、色んな素材でコマを作って回すという実験方法を考えました。

　しかし「重心の位置を変える」といっても、コマの重心をどう見極めるのか、コマを回す際の人為的な再現性はどのように担保するのか、コマの素材の違いをどうパターン分けするか、など実験方法の課題についても考える必要があります。

　一見簡単に思える問いと仮説も、突き詰めて考えると、とても難しいのです。

第5章

問題を解いて練習しよう！

問いを立てる ▶ 仮説を立てる ▶ 検証をする ▶ **練習をする** 〈今ここ！〉

第5章では、第1章から第4章で学んできたことの総集編として、実際に問題を解いて練習しましょう。オリジナル問題（Level.1〜3）、有名中学入試問題から、国公立中高一貫校の適性検査問題（Level.4）、共通テスト（Level.5）や京大と東大の入試問題（Level.6）まで幅広く出題[*]していきます！

アカデミックマインドの思考法を活かして、問いを分解し、仮説を立て、言葉の意味や定義をしっかり意識すれば、難しい問題も解けるので、一緒に挑戦してみましょう！

*入試問題の表記、表現方法や形式については168ページ参照

「問いを立てる」「仮説を立てる」「仮説の検証をする」一連の思考法

Step 1
自分で「問いを立てる」

日常を取り巻く「なぜ？」「どうして？」への感度を高め、物事を深掘りしていく。

Step 2
問いに対して「仮説を立てる」

問いを分解する方法を理解し、多角的なアプローチで原因や理由を考える。

Step 3
仮説の「検証をする」

言葉の定義、「意見」と「事実」を整理して、仮説が正しいか否かを検証する。

第5章　問題を解いて練習しよう！

牛乳の工場が一番多いのは、北海道地方ではなく、関東地方です。それに対して、バターの工場は、東北地方や関東地方ではなく、北海道地方に多いです。同じ原料から作られている牛乳とバターですが、なぜ牛乳は関東地方で多く、バターは北海道地方で多いのでしょうか？

Level.1

答え

牛乳は消費期限が短く、遠くから運んでくると鮮度を保つことができないので、消費量の多い関東近郊での生産量が多くなる。

解説

スーパーやコンビニで牛乳を購入した際に、生産地を確認したことはありますか？　実は、東京で購入した牛乳の生産地は「群馬県」や「栃木県」、「千葉県」など、関東地方にある県名が書かれている場合が多いです。

牛乳といえば、北海道で作られているイメージがあるでしょうから、ちょっと意外かもしれません。群馬県や栃木県には、牛乳のイメージを持つ人はあまりいないですよね。**なぜ、ここで牛乳が作られているのでしょうか？**

— 111 —

この答えは、実は小学生の社会の教科書に載っています。**「近郊農業」**です。早く食べた方がいい物、鮮度が大事な食べ物は、消費地の近くで作って、移動にコストや時間をあまりかけないようにするわけです。

　そう考えると、牛乳も賞味期限が短く、鮮度が大事な食品です。北海道で作った牛乳を東京に持ってこようとしたら、それだけで時間も労力もかかってしまうので、東京に届く牛乳は関東近辺の地域で作られる場合が多いのですね。

　逆に、**北海道は大消費地から遠く、牛乳を鮮度の高いまま消費者に届けるのは難しいため**、北海道産の牛乳は保存がきくバターに加工して出荷することが多いのです。

　スーパーやコンビニには、意外な生産地の食品が他にもたくさんあるので、ぜひ探してみてください。少しでも「おやっ？」と感じたものは調べてみると面白い発見がありますよ。

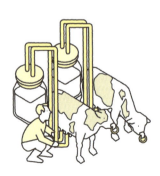

第5章 問題を解いて練習しよう！

Q2

水道の蛇口にはレバーを上げると水が出てくるタイプと、レバーを下げると水が出てくるタイプがあります。しかし1995年以降、「レバーを上げると水が出る」ものに統一され始めています。これはなぜでしょうか？

Level.1

答え

1995年に起きた阪神・淡路大震災の際に、蛇口の上に物が落ちて、水が出しっぱなしになる状況が多くあり、レバー上げるタイプの蛇口の需要が増えたから。

解説

レバーを「下げる」タイプのデメリットもしくは「上げる」タイプのメリットを考えましょう。下げるタイプの蛇口の場合、上げるタイプの蛇口よりも、手がぶつかったり、棚の物が落ちたりして、意図せず水が出てしまう可能性が高いのではないかと仮説を立てることができます。

また、ヒントになるのが「**1995年以降**」です。1995年は阪神・淡路大震災が起きた年ですね。これらのことから、日本では地震が多く、物が落下して蛇口にぶつかり、水が出しっぱなしにならないように統一され始めたのではないかと考えられるわけです。

Q3

飛行機に乗っているときのことを思い出してください。夜の時間帯に着陸する際、一度機内の照明を暗くしますよね。なぜ、暗くするのでしょうか？

Level.1

答え

万が一、事故が起こって外に出なければならないときに備えて、目を慣らしておくため。

解説　人間が明るい場所から暗い場所に行くと何が起こるか考えることがヒントになります。

最初は目が慣れなくて、何も見えません。徐々に暗闇に慣れてきて、見えていくようになります。この反応を**「暗順応」**と言います。

もし事故が起きたときに、暗い外に放り出されたら、すぐに外の状態が見えないと危険ですよね。だから、目を慣らしておくために、機内を暗くしているのだそうです。

第 5 章 問題を解いて練習しよう！

Q4

「東京一極集中」は、どのようなことが問題視されているのでしょうか？

Level.1

答え

東京に人口が集中することにより、ゴミ問題、水不足などの社会問題が発生すること。

解説　「東京一極集中」とは、東京に人口が集中するという現象のことを指していますが、東京に人口が集中すること自体が問題なのではありません。

これの何が問題かというと、**東京に人口が集中してしまうことで、住宅難、ゴミ問題、水不足、エネルギー消費等の問題が発生すること**なのです。

だから、「東京一極集中が問題」と一言でいっても、ゴミ問題の対策を考えなければと思う人もいれば、住宅難の対策を考えなければと思う人もいるでしょう。

検証するときには、「東京一極集中により、何が起こることが問題なのか」について、しっかり言葉の定義をすることが大切です。

> **Q5**
>
> みなさんには、太陽は何色に見えていますか？
> 日本人が太陽を見るとき、多くの人は「赤色だ」と考えるでしょう。でも実は、世界的に見ると、それは少数派です。
> 例えば、カナダの人は太陽を「黄色」だと考える人が多いです。それはなぜでしょうか？
>
> Level.1

答え

カナダでは日本よりも緯度が高いので、太陽との距離が遠く、日光が日本ほど強くないから。

解説

まず、カナダと日本の違いを考えてみましょう。気候や地理的な条件が思い付くはずです。カナダの方が日本より寒そうですよね。

そして、「色が違って見える」という点に注目すると「**カナダと日本で太陽光の強さが違うのではないか**」と仮説が立てられると思います。

そうすると、「緯度が低くなるほど太陽との距離は短くなる」ということに気づき、「ということは、太陽との距離が日本よりカナダの方が遠いのではないか」と考えることができますよね。

ただ、これは回答の1つに過ぎません。瞳の色や、文化などいろいろな背景も調べてみると面白いかもしれません。

第 5 章　問題を解いて練習しよう！

> **Q6**
>
> 炭酸飲料のペットボトルが、丸い形状をしているのはなぜでしょうか？
>
> Level.2

答え

ボトルの形状を丸くすることで、炭酸に均等に圧力がかかるようにし、ペットボトルが膨張するのを防ぐため。

解説　炭酸飲料は、液体中に無理やり二酸化炭素を溶かしている飲料です。炭酸飲料をコップに注ぐとシュワシュワとするのは、液体中から二酸化炭素が逃げているためです。

　このようにしてできる炭酸飲料ですが、1つ問題があります。それは、「**無理やり二酸化炭素を溶かしているから、ペットボトル中の圧力が大きくなってしまう**」ということです。

　普通の飲み物と比べてたくさんの気体を閉じ込めているので、ペットボトルの中では「外に出たいよ〜」と気体の分子同士が互いに押し合っている状況になっているのです。

　そこでボトルの形状を丸くし、ボトル本体に中から均等な圧力がかかるようにし、高い圧力に耐えているのです。

Q7

Q6で、炭酸飲料のペットボトルが丸い形状である理由を考えました。では、炭酸飲料以外のペットボトルの形状を丸くしないのはなぜでしょうか？

Level.2

答え

ペットボトルが丸いと、段ボールに詰めるときに無駄なスペースが生まれてしまい、流通コストが上がるから。

解説  四角いペットボトルだと隙間なく段ボールに詰めることができるので、（少しだけですが）一度に多くの商品を運ぶことができます。

逆に、丸いペットボトルだとボトル同士に隙間ができるので、少しだけ流通コストが上がってしまうのです。

第 5 章 問題を解いて練習しよう！

Q8

次のように、野菜を水に浮く野菜と、沈む野菜とに分けました。例えば、かぼちゃは重そうですが水に浮きますし、かぼちゃよりも軽いイメージのあるにんじん・じゃがいもは水に沈んでしまいます。この違いはどのような点にあるのでしょうか？

[水に浮く野菜] ピーマン・きゅうり・キャベツ・かぼちゃ

[水に沈む野菜] じゃがいも・さつまいも・にんじん・れんこん

Level.2

答え

地上で育つ野菜は水に浮き、地中で育つ野菜は沈む。

解説  地中で育つ野菜か、そうでない野菜かの違いです。**もし地中で育つ野菜が水に浮いてしまうと、雨が続いて土がドロドロになったときに、地上まで浮いてきて、枯れてしまいますよね。だから、地上で育つ野菜は水に浮き、地中で育つ野菜は沈むのです。**

例えば、かぼちゃは野菜の中でも重たいのに、地上で育つ野菜だから水に浮きます。地中で育つれんこんは、穴が開いており、かぼちゃより軽そうなのに水に沈みます。

— 119 —

Q9
化粧品や日焼け止めに記載されている「UVカット」のUVはどういう意味でしょう？

Level.2

答え

ultraviolet（紫を超えて＝紫外線）の意味

解説 なぜ紫を超えるのか、それは虹の色と関連があります。

実は、光の色の違いというのは、光の波長（波打つときの1周期あたりの長さ）の違いであり、例えば、短い波長（380-450nm）だと紫・青っぽい色の光に、長い波長（700-780nm）だと赤い色の光に見えます。

およそ350nm以下の波長を持つ光や、800nm以上の波長を持つ光は、人間の目には見えません。そして特に、350nm以下の波長の光のことを、**人間が見える光の色（紫）を超越している、という意味で紫外線（ultraviolet）**と言うのです。

また、光の波長が短いほど、たくさんのエネルギーを持っており、人間の皮膚に与えるダメージが多いと考えられてるので、UVをカットする日焼け止めが売れているということなんですね。

第 5 章　問題を解いて練習しよう！

みなさんは、いつも飲んでいるミネラルウォーターが生産されている都道府県を知っていますか？　実は日本のミネラルウォーターの約4割は、山梨県で作られています。2位は静岡県で9.3％、3位が岐阜県で8.9％です。
水はどこにでもあるのに、なぜミネラルウォーターの多くは山梨県で作られているのでしょうか？

＊ 一般社団法人ミネラルウォーター協会「都道府県別生産数量の推移」（2024年）

Level.3

答え

山梨県は雪解け水が豊富に取れることに加えて、中央自動車道が通っており、東京都など大消費地へのアクセスが容易で、輸送費を抑えることができるから。

解説

まず、**山梨県で取れる水というのは、山からの雪解け水**です。

富士山や赤石山脈があるので、流れ出る豊富な雪解け水が取れるのは容易に想像できるのではないでしょうか。しかし、2位の静岡県や3位の岐阜県も自然に囲まれていて水が取れることに違いありません。

この問題を考える上で重要なのは、「**なぜ、山梨県なのか**」を考えることです。そして、これには「中央自動車道」の存在が大きく影響しているんです。

　中央自動車道は、東京都杉並区の高井戸ICから愛知県小牧市の小牧JCTを結んでいて、山梨県大月市の大月JCTで分岐して山梨県富士吉田市の富士吉田ICを結んでいる高速道路です。

　つまり、中央自動車道が通っていることで大消費地へのアクセスが容易となり、輸送費を抑えることができるのです。

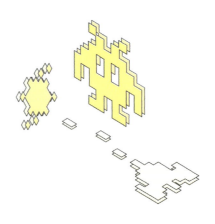

Q11

日本における春の代名詞、桜。通常、暖かい気候の南の地域から順番に開花して、最後に北にある北海道で咲きますよね。
しかし、福島県のある一帯では、一般的な順番とは真逆で、北から桜が咲き、最後に南で桜が咲く地域があります。一体なぜでしょう？

Level.3

答え

一帯のうち、北側の標高が低く、南側の標高が高いので、気温の高い北から、低い南の順で開花する。

解説

桜は地域の気温が高くなると開花します。そして、気温はその場所の標高が高くなればなるほど、下がります。

富士山の山頂は初夏の時期でも雪化粧をしているイメージがあると思います。

福島県は、奥羽山脈や阿武隈高地によって、会津・中通り・浜通りの３つのエリアに分けられます。南側の地域である会津や中通りは山あいになるので、標高が高くなります。つまり南側のほうが気温が低くなります。よって、桜の開花は遅くなるのです。

Q12

録音した自分の声が、普段自分で「自分の声」だと認識しているものと違うように感じる人は多いでしょう。
普段自分が聞いている声も、録音した声も、どちらも自分で発したものなのに、なぜ私たちは録音した声に違和感を覚えがちなのでしょうか？

Level.3

答え

音が伝わってくる経路が違うから。普段自分が聞いている声は、鼓膜に伝わる空気の振動と、骨の振動の両方が組み合わさったものだが、録音では空気の振動の方しか認識できないため、両者は違って聞こえる。

解説

音の伝達経路には、空気の振動が鼓膜に伝わる「**気導音**」と、骨の振動が伝わる「**骨導音**」があります。

私たちが普段聞いている自分の声は、この2つの経路から伝わる音が混ざって聞こえています。

一方で、声を録音すると（当然ながら録音するツールに「骨」はないので）気導音のみが保存されることになります。これを聞くと、骨導音の方がなくなり、気導音だけになってしまうので、普段とは違って聞こえるのです。

こうして考えると、他人が普段聞いている私たち自身の声も、当然気導音だけだとわかります。

つまり、録音した声は、自分にとってだけ特別に聞こえるものであり、他の人が聞く分には、特に違和感のないものなのです。

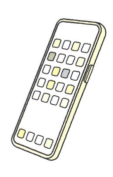

Q13

インドネシアの首都が移転されたのを知っていますか？

インドネシアの首都はジャカルタからヌサンタラに移動することになりました。（2024年移転し2045年完成予定）

下の地図で確認しながら、なぜ首都は移転することになったのか考えてみましょう。

Level.3

第5章 問題を解いて練習しよう！

答え

ヌサンタラは、ジャカルタより赤道近くに位置するので、台風が直撃する可能性が低く、またインドネシアの国土の中央に位置するため、各都市からのアクセスがいいから。

解説 地図からわかるように、ジャカルタが赤道よりも南の位置にあったのに対して、ヌサンタラは、赤道直下に位置しますね。
　赤道直下だと、1つよいことがあるのですが、何だと思いますか？　それは、**台風に関係すること**です。

日本も含め、台風の被害があるのは赤道から少し離れた位置で、逆に、赤道直下の位置であれば、台風は直撃することはありません。よって、今後、首都が台風に襲われることはなくなるのです。

さらに、場所によるメリットがもう1つあります。インドネシアは島国なのでわかりづらいですが、ヌサンタラは、インドネシアの国土の中央にあります。**中央ということはどこからでも来やすい**ということになりますね。

2024年度 淑徳与野中学校（理科）

Q14

ホッキョクグマの体毛の色は白色に見えます。これは、光の散乱によって私たちの目には白色に見えていますが、実は透明で光を通しやすく、太陽の光を皮膚まで届かせ、熱を得ることにつながっています。このことを参考にして、実際のホッキョクグマ（成体）の肌の色を答えなさい。

Level.4

答え

黒

解説

一見、そもそもホッキョクグマの肌の色の知らないと解けないように見えます。

ですが、文章をしっかり読み解くことができれば解ける問題です。

「太陽の光を皮膚まで届かせ、熱を得ることにつながっています」とあるように、ホッキョクグマは寒い場所に住んでいるため、**寒さに耐えるため熱を得ている**ということがわかります。つまり、肌の色も「光を吸収しやすい」必要があるのですね。

なので、答えは光を吸収しやすい黒い皮膚となります。

第 5 章　問題を解いて練習しよう！

Q15

2008年度 海城中学校（第2回 理科）

多くの植物は、茎が直立している場合、葉っぱが均等に、そして立体的についている。このことの利点は何か？

Level.4

答え

日光がより多くの葉にあたり、光合成の効率が良い。体を支える上で、バランスを保つことができる。

解説

まず、この問題を読んだときに考えるべきことは「それぞれの言葉の定義」です。

「均等に」葉がついている、「立体的に」ついているの意味を正確に捉える必要があります。みなさんはイメージできますか。

「均等に」は茎全体を見たときに規則的に葉がついている、「立体的に」は丸い茎を囲うように葉がつくことを表します。

そうすることで、上から見た時に、葉と葉がかぶらなくなりそうです。また、葉の重さのバランスも均等になります。

そこから、**すべての葉に光を当てるようにするため、バランスを保つため**、という仮説が立ちそうです。

— 129 —

では、すべての葉に光が当たることのメリットはなんでしょう。問いを立ててみましょう。

　光は、植物にとってなくてはならないエネルギーです。成長するための光合成を行うのに必須な要素です。となると、光をなるべく効率よく集めたいですよね。ここでも仮説が立ちます。

　二つの仮説から、答えが見えてきましたね。

　葉を「均等に」「立体的に」つけることで、効率よく光を集めることにつながり、それが植物の成長に大きく影響しているのです。

　また、茎一本の植物にとっても、均等によく葉がついていることはバランスを保つ上で重要なのです。

第 5 章 問題を解いて練習しよう！

Q16　　　　　　　　　　　　　2017年度 開成中学校 (社会)

「目黒」の文字の横に「JY22」という表示がみられます。この表示の中で「JY」が表しているものを具体的に答えなさい。

（1）図6は2016年8月から導入されている首都圏における駅名表示のイメージです。

©ACworks

Level.4

答え

JR 山手線

解説　　首都圏に住んでいる人であれば、駅利用が多く簡単に答えられるかもしれません。
　この問題は2017年度の開成中学校の社会の入試問題で、2020年の東京オリンピック・パラリンピックの開催を意識した時事問題とも言えるでしょう。

— 131 —

ちなみに、「JY」以外にも「JK」などの表記もあり、駅ナンバリングといいます。**駅ナンバリングとは、アルファベットと数字の組み合わせなどで各駅に表示することを指しています。**訪日外国人客にもわかりやすいよう、ローマ字と数字での表記を採用したのですね。

　例えば、京浜東北線・根岸線の大宮駅なら「JK 47」、山手線の東京駅なら「JY 01」といったように表記されます。日常の中で意識して観察していると、容易に答えられたかもしれませんね。

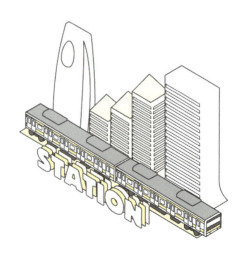

第 5 章 問題を解いて練習しよう！

Q17　2010年度 二松学舎大学附属柏中学校 (国語)

次の古文の和歌の三句には、1月〜12月のとある言葉が入る。空欄に入る月の異称を入れよ。
「あふけども　我が身たすくる
　　　　　　　さてやはつかの　空をながめむ」

Level.4

答え

神無月

解説 月の異称を覚えていますか？
1月から順に、「睦月（正月）、如月、弥生、卯月、皐月、水無月、文月、葉月、長月、神無月、霜月、師走」です。さて、ここで、よく問題文を確認してみてください。

問題文では「古文の和歌」に入る月の異称を答えよとなっています。

「和歌」は５７５７７で構成される歌でしたよね。ここに気づけると、実はこの時点で、**５文字程度の異称をもつ月が入るのではないかと仮説を立てられる**はずです。

では次に、歌を見ていきましょう。

1文目　「あふけども」＝空を仰ぐ

2文目　「我が身たすくる」＝自分の身を助ける

　　　　（「たすく」カ行下2段活用連体形）

3文目　□□□□□□□□□

4文目　「さてや」＝それでは

　　　　「はつかの空を」＝20日に浮かぶ空

5文目　「ながめむ」＝物思いにふける

　　　　（「ながむ」「む」意志の助動詞）

　まとめると、

「空をあおいでも、自分の身を助けてくれる　□□□□□□　だから、20日の空をみながらぼんやりと物思いにふけろう」となります。

　文章から、**自分の身を助けてくれる何かがいる（もしくは、いない）**のではないかと仮説を立てられそうですね。

　最初に確認した月の異称に戻ると、何かがいる（もしくは、いない）という表現に入りそうなのは、「神無月（神がいない月）」とわかります。

　「5文字程度の異称をもつ月が入るのではないか」という仮説も合わせると、答えは、「神様がいない」＝「神無月（神がいない月）」とわかりますね。

　空欄に当てはめると「自分の身を助けてくれる神様もいない」という文章になります。

第5章 問題を解いて練習しよう！

Q18

2021年度 麻布学園 麻布中学校 (社会)

大型スーパーやコンビニに行くと、カットフルーツやカット野菜が並んでいることがあります。
最近、これらの商品が増えてきたのはなぜでしょうか？

Level.4

答え

ひとり暮らしの世帯が増えて、フルーツ丸々1個を消費できないという需要があるから。もしくは、調理する人が減ったから。

解説　2つ答えが考えられます。1つは、ひとり暮らしの人が増えて、フルーツを丸々1個を食べなくなったことです。りんごでもスイカでも、全部を1人で食べることはなかなかありません。カットされているくらいの量がちょうどいいよね、という消費者が増えたのです。

そしてもう1つの理由は、**調理する時間がもったいない・料理なんてしなくていい、という人が増えたからです。**コンビニで安価な冷凍食品やお弁当が買えるようになった今、ひとり暮らしであれば、料理をしなくても生活に支障は出ないでしょう。だから、フルーツをカットする工程さえ面倒臭いと感じる人も増えたのです。

― 135 ―

Q19 2024年度 学校法人 佐藤栄学園 栄東中学校 (社会)

『オーバーツーリズム』への対策として、観光税のように観光地域への入場料を有料にして観光客の増加による混雑を抑えようという案があります。
観光地域への入場を有料にすること以外で観光客の増加による混雑を和らげる方法を、考えて答えなさい。

Level.4

答え

観光地・観光スポットの混雑状況を把握できるようにし、時間帯ごとに予約制等の制度を設け、入場できる人数に制限をかける。
（※答えはこれに限らない）

解説

「オーバーツーリズム」とは、**観光客の人数が観光地の受け入れ可能人数を大きく上回ってしまう状態**を指しています。

今回は観光客の増加に伴う混雑を解決するための策を問われる問題でしたが、オーバーツーリズムによる問題はさまざまです。文章中に挙げられている交通渋滞もそうですし、外国人観光客の増加に伴うゴミ処理の問題や衛生面の悪化も挙げられるでしょう。

第5章　問題を解いて練習しよう！

　観光地にとって、外国人観光客は、積極的に受け入れたい存在であると同時に、交通渋滞や騒音、ゴミのポイ捨てなど、さまざまな「観光公害」の引き金になるとも考えられるのです。

　また、本書の中でも類似の問題を取り扱ってきましたが、これらの問題は明確な答えが1つあるわけではありません。「オーバーツーリズム」自体が問題なのではなく、そこから何が起こるのか。分解して考える力がつくと、さまざまな答えが見えてくるようになるのです。

　例えば「予約制等の制度」はみんなが遊びにいく遊園地や動物園などでも導入されています。問われているものは違うけど、日常の中で知っていることを、どうやって応用するかという能力も問われているのかもしれないですね。

Q20

2021年度 麻布学園 麻布中学校 (社会)

鎌倉時代から江戸時代の間に、人々は4つ足の動物に、植物の名前の別名をつけて食べるようになりました。それはなぜでしょうか？
例：猪→ぼたん　鹿→もみじ　馬→さくら

Level.4

答え

宗教上や衛生上の問題で猪など動物の肉を食べられなかったが、やむを得ない事情で食べる際にカモフラージュするため。

解説　この時代、動物の肉を食べるのは禁止されていました。これは宗教上の理由でもありますし、不衛生で病原菌の温床になっていたからという説もあります。しかし、当時でも食べるものに困ったときには、少なくない人が、**猪でも鹿でも馬でも食べたい**と考えました。

そこで、植物の名前をつけることによって、「これは肉じゃないよ！　植物だよ！」と言い張って食べていたのです。時代ごとの食事生活の変化を調べてみると、宗教や貿易など歴史的背景を学べるので面白いかもしれません。

第 5 章　問題を解いて練習しよう！

2023年度 栄光学園中学校（社会）

牛乳はとても腐りやすいので、安全に飲むために、明治時代のはじめから行政による監視や指導が行われていました。東京で 1873 年に知事から出された文書では、あまり人がいない静かな場所で搾乳することが勧められていたり、1878 年に警視庁から出された規則では、器具の衛生的な取りあつかい方法が定められていたりします。

明治時代に、まず牛乳の普及が進んだのは病院でしたが、明治後半になると都市を中心に、家庭でも少しずつ飲まれるようになっていきました。当初は牛乳の販売店が<u>少量の牛乳を毎日配達するという形が多かったようです</u>。また、はじめは【資料１】のように大きな金属製の缶に入れた牛乳を、ひしゃくですくって配っていたものが、しだいに【資料２】のようなびんに牛乳を入れて配るようになりました。びんは回収されて繰り返し使われました。さらに 1928 年、東京では配達用の牛乳には無色透明のびんを使うように定められました。

【資料１】　　　　　　　　【資料２】

武田尚子『ミルクと日本人』
一般社団法人全国牛乳流通改善協会　ホームページ（https://zenkaikyou.or.jp）より引用
公益財団法人 中田俊男記念財団 牛乳博物館 収蔵

> 下線部について、少量の牛乳を毎日各家庭に配達するという方法がとられた理由を考えなさい。
>
> Level.4

答え

明治時代は、冷蔵の技術が進展しておらず、消費期限の短い牛乳の保存が難しかったから。

解説　Q1の問題でもありましたが、牛乳は消費期限が短いです。すぐに飲まなければ腐ってしまいます。

さらに、この時代は、まだ**冷蔵の技術が進展しておらず、牛乳の保存は難しい**ことでした。

なので、毎朝決まった時間にしぼりたてを届けていたのですね。ちなみに明治時代から牛乳が普及した理由は明治維新にあります。海外のものを好んで取り入れるようになり、栄養価が高いと言われていた牛乳が次第に一般化していったんですね。

第 5 章　問題を解いて練習しよう！

Q22　　　　　　　　　　2008年度 海城中学校（第1回 社会）

高度経済成長期には、なぜ日本人は妖怪を信じなくなってしまったのでしょうか？
資料4と資料5を読んで、答えを考えてください。

【資料4】
核家族世帯数*
（単位：千世帯）

年代	世帯数
1920年	6,152
1955年	10,366
1960年	11,788
1970年	17,186
1980年	21,594

（『人口統計資料集』より作成）

＊核家族とは、夫婦とその子どもからなる家族のことをいいます。

【資料5】
高度経済成長期には、タヌキやキツネのすみかだった森や林が、どんどん開発されました。開発された森や林は、工場や住宅地になり、道路もアスファルトになりました。このようにこの時期に、日本の多くの地域から自然の姿が消えていきました。その結果、人びとは建物や舗装道路といった人工物に取り囲まれて生活するようになったのです。それ以前の日本人が体験してきた生活や景観とは違う、まったく新しい環境が生まれたのです。
（小松和彦『妖怪学新考』を参考に作成）

Level.4

— 141 —

答え

　高度経済成長期以降、核家族が多くなり、妖怪を語るお年寄りとそれを聞き伝える子どもたちが一緒に住むことが少なくなった。

　そのため、妖怪の話が次の世代に語り継がれにくくなった。また、人々の周りにあった自然が開発され、住宅地や工場になったので、生活の場から妖怪の棲家と思われてきた山や森などの自然が遠ざかった。

　よって、人々が「不思議だ」と思うことも少なくなり、妖怪を想像しづらくなった。

解説　妖怪の話がいつ、どのようにして伝えられていたのかについて考えることが重要です。核家族が増えていることが何か要因の1つとして考えられるのであれば、どのようなことが挙げられるだろう？　と要因を想像すると、このような答えが浮かぶと思います。

また、**高度経済成長期という「変化」をどのように捉えるのか**、という点でも、この問題の答えやすさは変わってくるかもしれません。

第5章 問題を解いて練習しよう！

Q23

2010年度 海城中学校(第1回 社会)

1950年代に、動物園や水族館でペンギンが多く飼育されるようになったのはなぜですか。
資料1～資料3を読んで、答えを考えてください。

【資料1】
白瀬矗が率いた南極探検隊の記録

> 南極の海を進んでいると、まるでそろばんの玉を並べたように大きな丘が海一面にあらわれた。調べてみるとすべて鯨だったので驚いた。隊員の中には、このたくさんの鯨の間を本当に通り抜けることができるのか心配になる者もいた。それでも構わずどんどん進んでいくと、鯨の方も船を恐れたのか、通り道を開けてくれた。一時はどうなるだろうかと不安だったが、これでやっと安心することができた。

(板橋守邦『南氷洋捕鯨史』の一部をやさしく書き改めています)

【資料2】
日本の南氷洋における鯨の捕獲数
(単位：頭)

(国際捕鯨委員会と水産庁のホームページから作成)

【資料3】
捕鯨船で連れて来たペンギンたち
アデリーペンギン

コウテイペンギン

(川端裕人『ペンギン、日本人と出会う』文藝春秋より 写真提供：山本武市)

－ 143 －

答え

南極の海には鯨がたくさん生息していた。1950年代以降になると、鯨を捕りに日本の船が多く南極の海に行くことになった。そうした捕鯨船がペンギンをたくさん連れて帰り、動物園・水族館に送ったから。

解説　鯨の数は、20世紀初頭に乱獲されたことで大幅に減少しています。

このことから、各国は鯨の乱獲をやめ、南氷洋には手付かずで多数生息することになります。その中で、**タンパク源として鯨を重要視していた日本は捕獲を続け**、1950年ごろに捕鯨頭数世界一になりました。その影響もあって、ペンギンが多く連れ帰られたのです。

第5章 問題を解いて練習しよう！

Q24　　　　　　　　　　　　　　2019年度 灘中学校（算数2）

89の倍数と113の倍数を
89、113、178、226……のように小さいものから
並べる時、50番目の数は（　　　）です。
（　　　）に当てはまる数字を答えなさい。(一部改)

Level.4

答え

2492

解説　小さい順に並べていくと
89、113、178、226、267、339、356
となります。
356までは、
89 × 4 = 346　　113 × 3 = 339
であり、
356と339の間には17の差があります。

50までには、この7つのようなセットが7回ありますよね。そうすると、17 × 7 = 119の差が生まれることになります。

113 × 3 × 7が48番目で、差が119あるので、
次は113 × 22になります。
そして、89 × 28が50番目になり、2492となりますね。

Q25

2022年度 開成中学校 (算数)

次の計算の結果を
9で割ったときのあまりを求めなさい。
1234567 + 2345671 + 3456712 + 4567123 + 5671234

Level.4

答え

5

解説　一見難しいですが、9で割ったあまりには、実はとある法則があります。「ある数の各位の数の和を9で割ったあまりは、その数を9で割ったあまりと一致する」のです。

例えば、11は9で割ると2あまりますが、これは1 + 1 = 2を9で割ったあまりと一致します。同じように、147を9で割ると3あまりますが、これは1 + 4 + 7 = 12を9で割ったあまりと一致します。

つまり、**ある数を9で割ったあまりが知りたいときは、その数の各位を足し合わせて、それを9で割ったあまりを求めればよい**のです。実はこの法則、簡単に導き出すことができます。次ページの式を見てください。

第 5 章　問題を解いて練習しよう！

> ■　$1 \div 9 = 0$ あまり 1
> ■　$10 = 9 + 1$ なので、
> 　　$10 \div 9 = 1$ あまり 1
> ■　$100 = 99 + 1$ なので、
> 　　$100 \div 9 = 11$ あまり 1

　9、99、999、……という「各位がすべて 9 の数」は、9 で割り切ることができます。ですので、そこに 1 を足して繰り上げるとできる、10、100、1000、……といった「各位の和が 1」となる数はすべて、9 で割るとあまりが 1 となります。

　さらに、これを 2 倍してみると、

> ■　$2 \div 9 = 0$ あまり 2
> ■　$20 = 9 \times 2 + 1 \times 2$ なので、
> ■　$20 \div 9 = 2$ あまり 2
> ■　$200 = 99 \times 2 + 1 \times 2$ なので、
> ■　$200 \div 9 = 22$ あまり 2

となり、すべて 9 で割るとあまりが 2 となります。

　このように、1、10、100、1000、……という数は、2 倍すると 9 で割ったあまりは 2 となり、3 倍ならあまりは 3、4 倍ならあまりは 4、と対応してあまりが増えていきます。

　さて、「1234567」という数は、分解すると、

— 147 —

- 1000000　　1000000 が 1 個→あまり 1
- 200000　　100000 が 2 個→あまり 2
- 30000　　10000 が 3 個→あまり 3
- 4000　　1000 が 4 個→あまり 4
- 500　　100 が 5 個→あまり 5
- 60　　10 が 6 個→あまり 6
- 7　　1 が 7 個→あまり 7

　となります。つまり、各位の数の合計は、各位が表す数を 9 で割ったあまりを集めたものになります。

　したがって、「1234567」を 9 で割ったあまりは、 1 + 2 + 3 + 4 + 5 + 6 + 7 = 28 を 9 で割ったあまりと一致するので、1 ということになります。

　このように、他の数についてもそれぞれ 9 で割ったあまりを求めると、すべてあまり 1 となることがわかります。9 で割ると 1 あまる数を 5 つ足しているので、この問題の答えは「5」とわかります。

第 5 章　問題を解いて練習しよう！

2019年度 大妻中学校（社会）

北陸地方の家庭用電気料金は、日本の地域の中では比較的安く設定されています。
しかし、そんな北陸地方の主要都市の電気代負担は、日本の中でもかなり多くなっています。
福井市：１位
富山市：２位
金沢市：４位 *2021年～2023年の平均
電気料金が安いはずなのに、最終的な電気代負担が多くなってしまうのはなぜでしょうか？

Level.4

答え

　北陸は冬の寒さが厳しく、暖房の使用が全国平均に比べて多くなると考えられる。また、北陸の各県は全国平均より住宅が広く、家族の人数も多い。したがって、１つの家の空調に平均以上のコストがかかると考えられる。
　このような理由から、電気の使用量が多くなり、結果的に電気代負担がかさんでいると考えられる。

解説 　北陸地方は、年平均気温が全国平均を下回っており、冬の寒さは特に厳しいです。日本海側であることと合わせて、豪雪地帯であることがよく知られています。
　よって、ただでさえ暖房の使用が多くなることは想像がつくでしょう。

　加えて重要なのが、**住宅の広さと1世帯あたりの人数の多さ**です。まず、1専用住宅（人が住むためだけに建てられた住宅で、お店や作業場など、別のことに使うための部分がない住宅）当たりの延べ面積は、富山県が143.57㎡で全国1位、福井県が136.89㎡で2位、石川県が124.68㎡で6位です（平成30年住宅・土地統計調査）。

　さらに、1世帯あたりの人数も3県とも全国平均を上回っています（令和2年人口等基本集計）。
大きな家に大人数が住んでいるとなると、部屋を暖めるのにも平均以上のエネルギーが必要となります。

　こうして、電気料金が安くても、結果的に負担する電気代は高くなってしまうのですね。

第 5 章 問題を解いて練習しよう！

2022年度 共通テスト（地理B）

自然災害の種類は、地域や季節によって大きく異なる。

次の図は、日本における土砂災害と雪崩の被害状況を時期ごとに示したものである。

表の「マ〜ム」は「3月〜5月」「6月〜8月」「9月〜11月」のいずれかである。

時期とマ〜ムの正しい組み合わせを、後の①〜⑥かから1つえらべ。（第1問 問6 より抜粋）

Level.5

答え
5

解説　まずこの問題で何を聞かれているのか、**問題をシンプルに言い換えてみる**といいでしょう。文章から、土砂災害・雪崩が起こる時期は大体何月か？と聞かれているのがわかります。ということは、

① 土砂災害が起こるのは何月か
② 雪崩が起こるのは何月か

という2つに分解して考えることができ、①と②がわかれば問題を解くことができそうですね。ここからさらに、1つずつ知識が当てはめられるまで細かく分解して考えてみましょう。

① **土砂災害が起こるのは何月か？**
問い　土砂災害っていつ起きる？
　→ 雨がたくさん降るときではないか
問い　雨がたくさん降るのっていつ？
　→ 梅雨、台風
問い　梅雨、台風って大体何月？
　→ 梅雨は6～7月、台風は8～9月だ！

第5章　問題を解いて練習しよう！

同様に、②雪崩が起こるのは何月かも考えていきましょう。

---

②　**雪崩が起こるのは何月か？**

　問い　→　雪崩っていつ起きる？

　　　　　→　雪がたくさん降るとき
　　　　　　　又は積もった雪が溶け始めるとき

　問い　→　これって何月？

　　　　　→　たくさん降るのは、１２月～２月の真冬期で、
　　　　　　　溶け始めるのは３月～４月の春先だ！

これらをまとめると、次のような仮説を立てることができます。

　仮説①
　土砂災害が起きる月は６月～９月が多いのではないか
　仮説②
　雪崩が起きる月は１２月～４月が多いのではないか

　ここまで仮説が立てられたら、もう一度問題を見てみましょう。土砂災害が多い図は「マ」で、これが６月～８月となっているのは③もしくは⑤。雪崩が比較的多い図は「ム」で、これが３月～５月となっているのは⑤もしくは⑥。つまり**正解は**⑤になります。

　共通テストの問題ではありますが、今回使った知識はすごく単純でした。どの知識も、日常の中で少し意識してニュースを見たり、新聞を読んだりしていれば、それらの経験から仮説を立てられるものでしたね。

使用した知識

・雪は1月～2月に多い

・雪崩は雪が多かったり、溶けると起こりやすい

・土砂災害は雨が多いと起こりやすい

・日本の梅雨は6月～7月

・台風は8月～9月に多い

　今回は共通テストの問題に挑戦してもらいました。他にも、「分解」の思考法をしっかり使えれば、今ある知識で解ける問題もあるので、挑戦してみてください。

第 5 章　問題を解いて練習しよう！

Q28

2021年度 共通テスト（世界史B）

我々は旅を通して、その地の歴史を学ぶことができる。旅と歴史について述べた次の文章 A を読み、次ページの問 3 に答えよ。(第 5 問 問 3 より抜粋)

A　春休みにヨーロッパ旅行をした秋山さんは、帰国後、訪れた地域の歴史を調べて、旅行記を書いてみた。以下は、秋山さんが訪れた**地域 1 ～ 3** についての、旅行記からの抜き書きである。

【地域 1】

　この島はオレンジやレモンがおいしかった。オリーヴやワインも特産品だ。
　この島はイタリア半島と北アフリカとの間にあるので、昔からいろいろな地域の人が交易や植民のためにやって来ている。また、島の支配者も外からやって来ることがたびたびあったことも歴史の本で知ることができた。今この島はイタリアに属している。ガリバルディという人がイタリア統一の過程でこの島を占領したそうで、彼の名前を島の様々な場所で目にした。

【地域 2】

　この都市は、ヨーロッパ大陸の近くにある島国の首都だ。この国は**地域 1** と同じく、いろいろな勢力に支配された歴史を持つとともに、大陸の王家とも関係が深く、なかでも　ア　の王位をめぐる戦争が有名である。14 世紀に始まり 15 世紀まで続いたこの戦争では　　　イ　　　
　1851 年に万国博覧会が開催され、世界的にも高名な博物館があるこの都市は、文化都市としても機能してきた。お土産として買った紅茶もおいしかった。

【地域 3】

　この都市の前身は、イオニア人のポリスで、オリエントの大国との戦争に勝利し、古代には民主政が発展していた。その時代に作られた遺跡が現在この国の観光の目玉になっている。全土より集められた古代文明の遺物がそろう国立考古学博物館など見所が多かった。また、近代オリンピックの第 1 回大会がこの都市で開かれたそうだ。

問3
秋山さんは、上の（前ページの）**地域1〜3**のいずれにも、古代ローマに支配された時期があることに気付いた。**地域1〜3**が、古代ローマの支配下に入った順に正しく配列されているものを、次の①〜⑥のうちから一つ選べ。

① 地域1→地域2→地域3　　② 地域1→地域3→地域2
③ 地域2→地域1→地域3　　④ 地域2→地域3→地域1
⑤ 地域3→地域1→地域2　　⑥ 地域3→地域2→地域1

Level.5

答え

2

解説　一見、文章が長くて難しそうですが、落ち着いて地域1〜3がどこを指すのか考えてみましょう。
地域1の文章の中でヒントになりそうなのは、次の3点ですね。

- オレンジやレモンがおいしい
- イタリアと北アフリカの間にある
- 昔から交易の中心地だった

　頭の中で地図は思い浮かべられますか？　よくCM（コマーシャル）やお店で「○○○○産レモンジュース」などと聞きませんか？　そう、**地域1は「シチリア島」**です！

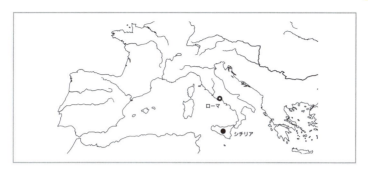

同じように地域2を見ると、次の4点がヒントになりそうです。

- ヨーロッパ大陸近くの島国
- 1851年に万博が開催
- 世界的に高名な博物館がある
- 紅茶がおいしい

ヨーロッパで紅茶で思い浮かぶ地域と言えば？
そうです！ **地域2は「ロンドン（イギリス）」**です。

最後に地域3を見てみましょう。ヒントになりそうなのは次の4点ですね。

- イオニア人のポリス
- オリエントの大国との戦争に勝利
- 古代には民主制が発展
- 近代五輪の第1回大会が開催

　近代五輪の第1回大会が開催された場所というヒントは、みなさんも気づきやすいのではないでしょうか？
地域3は「アテネ（ギリシャ）」ですね。

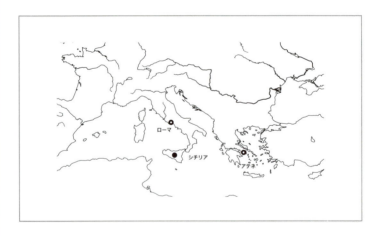

第 5 章　問題を解いて練習しよう！

　地域1〜地域3がどこを指しているのかはわかりましたね。では、ここで問題に戻りましょう。

　問題をシンプルに言い換えると、**「古代ローマ人はどの順番でこれらの国を侵略していったか」**ですね。

　ローマ人はどこから地域を侵略していったのでしょうか？ ローマから近い順に侵略していったのではないかと仮説を立てて考えると、答えを導き出すことができます。

　つまり、シチリア（地域1）→ アテネ（地域3）→ ロンドン（地域2）の順番になるので、**正解は②**となります。

> **Q29**　2008年度 京都大学 改訂
>
> 木簡（もっかん）は、日本の古代を研究する上で重要な資料となります。しかし、9世紀以降のものは数が少ない。これは、平安宮が大規模に発掘調査されてこなかったことが原因となっているのですが、なぜ大規模に発掘調査が行われてこなかったのでしょうか。
>
> Level.6

答え

平安宮跡の上には、多くの建物が並んでいるために、大規模に発掘調査することは難しかったから。

解説　この設問は他の都（平城宮など）と違って「**平安宮が大規模に発掘調査されてこなかったのはなぜか**」と読み替えることができます。

問いを分解して、問題のどこからアプローチをすればいいかを考えていきましょう。

平城宮は、都がよそに遷るとまもなく荒廃し、そのまま田や畑になって近代に至りました。つまり、遺跡の上にあまり多くの建物がなかったので、大規模に発掘調査を行うことが比較的容易だったのです。

— 160 —

第 5 章　問題を解いて練習しよう！

　そこから立てられる仮説は、平安宮はその状況ではなかった、ということです。
　つまり、発掘調査を行うことが難しい状況であると考えられます。

　検証していきましょう。
　平安宮そのものは鎌倉時代に焼失してしまったのですが、その跡地はやがて宅地化しました。奈良に位置する平城宮と違って、京都はその後も日本の都であり続けたので、荒廃したまま放置されることがなかったわけです。つまり、**平安宮跡の上には多くの建物が並んでいるために、大規模に発掘調査することは難しかった**と推論できます。

　しかし、回答は 1 つだけではありません。
　あえて古代史に理由を求めるならば、8 世紀よりも紙の使用が広まったこと、律令租税制度が衰退して貢納物の荷札が減少したこと、なども仮説として立てることができます。

> **Q30**　2018年度 東京大学 推薦入試
>
> 各種イベントのチケットの転売規制について、あなたは、どのように考えますか。「チケットの転売」を規制することには、誰にとって、どのような意味をもつのか、また、それにはどのような限界や問題点があるかについて、議論してください。
>
> Level.6

答え

　私は「チケット転売は規制するべきだ」という意見に対して「反対」です。

　まず、価格をつり上げるのではなく、同価格で売るのであれば、転売自体は問題ないのではないかと考えます。

　また、関係者への影響のうち、主催者への影響を考えた場合、チケットの購入者が来場できなくなったとき、利益は変わらないのに席が空いてしまいます。その際、大量の席が空いてしまうと、アーティストのモチベーションが下がる可能性もあります。

　これらの理由から、私は「チケット転売を規制するべきだ」という意見に対して反対です。ただし課題として、高額での転売を規制するルールを作る必要があると考えます。

解説 今回の問題は東京大学の法学部の推薦入試で出された問いです。

実際には「議論してください」と出題され、自分の意見を元にディスカッションが行われたそうです。

今回の問いのように、自分の意見をまとめる際にもアカデミックマインドの思考法が使えるんです！

まずは**「チケット転売の規制」について、自身が反対か賛成か、またその理由を考えてみましょう。**すぐにどちらの意見かまとまらない場合は、いくつか理由を挙げてみて判断するといいでしょう。

賛成
理由：チケットを適正な価格で購入することができる
反対
理由：価格をつり上げるのではなく、同価格で売るのであれば、転売自体は問題ないと考えるから

そして次に、文章中にもあるように「誰にとって」「どのような意味をもつのか」について考えてみましょう。

「誰にとって」、つまりチケットの転売に関わるのはどのような人たちなのか、分解して考えてみる必要がありますね。例えば、イベントの主催者や、チケットを購入する一般客、また転売業者などが挙げられるのではないでしょうか？

関係する人を自分なりに分解したあとは、その人たちにとってどのような影響があるか考えてみましょう。

イベント主催者側
嬉しい：適正価格でチケットが行き渡ることで、リピーターやグッズ販売などの収益が上がる可能性がある
　　　　ファンへの平等性を保てる
困る　：大量の座席が空席になってしまった場合、アーティストのモチベーションが下がる

一般客
嬉しい：チケットを適正価格で購入できる
　　　　転売目的の購入者が減るので、当選の確率が上がる
困る　：もし行けなくなった場合、チケットを無駄にしてしまう

　ここまで分解して考えられたら、あとは自分の意見をまとめるだけですね。
　自分の意見を伝える際には、自分が賛成派か反対派か述べた上でその理由を話すようにしましょう。

　さらに、今回の解答例にもあるように、最後に自分の意見の課題への対策も考えられると、より良い解答になると思いますよ。

おわりに

　僕は子供の頃、学校の研修で博物館や遺跡見学に行くのが苦痛でした。なぜなら、よくわからない昔のモノにしか見えなくて、「ふーん」以上の感情を持てなかったからです。「こんなのものを見るよりも、家に帰って漫画を読んだりゲームしたいなぁ」と思いながら、ボーッとしていた記憶があります。

　同じような感覚を持っていた人は多いと思いますが、僕が東大に入ってから出会った人たちは、まるっきり違いました。遺跡や博物館が大好きで、丸一日楽しめる。「あんなに楽しいところはない！」と断言する人もいるくらいです。

　アカデミックマインドを身につけると、「世界が変わって見える経験」ができると「はじめに」で述べました。本や映画など「楽しめるものの幅」がぐっと広がることも、それらに通じます。漫画や音楽でも、神話が元ネタになっていることがありますし、僕が好きな「真・女神転生」というゲームは、ルシファーやサタンなどの悪魔や、ガブリエル、メタトロンなどの天使が登場するのですが、「おお！　ダンテの『神曲』に書かれていた通りの設定だ！」と面白みが増しました。かつて博物館や遺跡見学が苦痛だった僕が、この経験を早くに味わっていたならば、もっと早く世界が変わって見えたはずです。

　知識があればあるほど、見える世界が広がる。考える力があればあるほど、そして、「問いを立てる」方法、「仮説を立てる」方法、「検証する」方法といった武器が多ければ多いほど、その人の人生は豊かになる。僕たちはそう信じていますし、だからこそ、本書を書かせていただきました。「自分の人生を豊かにする」ために、この本で身につけた能力を活かしていただければ幸いです。

　最後までお付き合いいただき、ありがとうございました！

株式会社カルペ・ディエム　西岡壱誠

参考文献

ニッセイ基礎研究所、生活研究部 研究員 廣瀬涼 「第3次タピオカブームを振り返る」、2020年
https://www.nli-research.co.jp/report/detail/id=66112?pno=2&site=nli

朝倉弘「近世初期の大和の綿作について」京都大学文学部読史会編『国史論集二』所収、1959年

安部桂一「靴下産業の産地再生に向けた一考察 ―今治タオルとの比較を通して― 」
https://www.u-hyogo.ac.jp/mba/pdf/SBR/11-1/001.pdf

PETボトルリサイクル推進協議会「PETボトルとリサイクルの歴史」、2022年
https://www.petbottle-rec.gr.jp/more/history.html

一般社団法人ミネラルウォーター協会「都道府県別生産数量の推移」、2024年
https://minekyo.net/publics/index/5/

監修者・著者略歴

監修者・著者略歴

【監修者】　**西岡壱誠** （にしおか・いっせい）

現役東大生。株式会社カルペ・ディエム代表。1996年生まれ。偏差値35から東大を目指すも、2年連続で不合格。3年目に自ら開発した「独学術」で偏差値70になり、東大合格を果たす。大学入学後『ドラゴン桜2』（講談社）の編集を担当し、日曜劇場「ドラゴン桜」の脚本を監修。東大合格のノウハウを全国の学生や学校の教師たちに伝えるため、2020年に株式会社カルペ・ディエムを設立。著書に『「読む力」と「地頭力」がいっきに身につく　東大読書』『「伝える力」と「地頭力」がいっきに高まる　東大作文』（以上、東洋経済新報社）、共著に『高校生活の強化書』（東京書籍）など多数。

【著者】　**東大カルペ・ディエム**

東大生集団。2020年6月に西岡壱誠が代表となり、多数の「逆転合格」した東大生によって結成。全国各地の小・中学校、高等学校でワークショップや講演会を実施。年間1,000人以上の生徒に勉強法を教えており、中でも、探究学習の時間に行っている「アカデミックマインド育成講座」で教える思考法・勉強法が好評を博している。また、教師には指導法のコンサルティングを行っている。著者に『東大生が教える戦争超全史』（ダイヤモンド社）、『東大大全　すべての受験生が東大を目指せる勉強テクニック』（幻冬舎）など多数。